新时代教师发展丛书

教师如何进行

教育评价

◎ 严先元 姚便芳

编著

教师怎样让师德师风落地生根
教师怎样引导学生更新学习方式
教师怎样用好信息技术
教师如何进行教育评价
教师怎样做教育行动研究
教师怎样进行校本研修
教师怎样做教学诊断
新课程的课堂教学评价
教师怎样教学是什么样子
教师怎样设计一堂好课
教师怎样进行课堂教学质量的管理

东北师范大学出版社

长 春

图书在版编目(CIP)数据

教师如何进行教育评价 / 严先元，姚便芳编著. ——
长春：东北师范大学出版社，2020.7
(新时代教师发展丛书/严先元主编)
ISBN 978 - 7 - 5681 - 7003 - 1

Ⅰ. ①教⋯ Ⅱ. ①严⋯ ②姚⋯ Ⅲ. ①中小学－教育
评估 Ⅳ. ①G632.0

中国版本图书馆 CIP 数据核字（2020）第132914号

□责任编辑：王　晶　　　□封面设计：隋福成
□责任校对：李　杭　　　□责任印制：许　冰

东北师范大学出版社出版发行
长春净月经济开发区金宝街 118 号（邮政编码：130117）
电话：0431-84568164
网址：http://www.nenup.com
东北师范大学音像出版社制版
辽宁新华印务有限公司印装
沈阳市张士经济技术开发区中央大街六号路 14 甲－3 号
（邮政编码：110021）
2020 年 7 月第 1 版　　2020 年 7 月第 2 次印刷
幅面尺寸：169 mm×239 mm　印张：15　字数：218 千

定价：86.00 元

总　序

　　教师是立教之本、兴教之源。教师作为教育发展"第一资源"的价值判断，确定了教师在实现中华民族伟大复兴中国梦进程中的重要作用。中共中央、国务院在《关于全面深化新时代教师队伍建设改革的意见》中明确指出："教师承担着传播知识、传播思想、传播真理的历史使命，肩负着塑造灵魂、塑造生命、塑造人的时代重任，是教育发展的第一资源，是国家富强、民族振兴、人民幸福的重要基石。"这不仅强调了教师与现代化国家的共生关系，更突出了建设高素质、专业化、创新型教师队伍与建设具有中国特色社会主义现代化强国之间的密切关联。

　　党的十九大报告指出，使命呼唤担当，使命引领未来。建设高素质、专业化、创新型教师队伍任重道远。我国有研究者指出，建设这样一支队伍主要有三条基本途径：一是个体内在路径，二是制度外部路径，三是文化融合路径。[①] 本书在这三个方面都有涉及，但更多地聚焦于教师主体性实践的个体内在路径，对当前广大教师来说，这可能是更适切的。

　　关于本丛书内容选择，主要出于以下考虑：习近平总书记曾在《求是》杂志发表《一个国家、一个民族不能没有灵魂》的重要文章，他引用《左传·襄公二十四年》中的话"太上有立德，其次有立功，其次有立言"，教导我们要"立德""立功""立言"，才能创不朽之业。本丛书重视通过"以德立身、以德立学、以德立教、以德育德"，促进师德修养提升，不仅有专册论述，而且在各册中突出价值定位和价值引领。由于教师的"建功立业"在时间和精力上大多用于"教学活动"，特别是用在"提高教学质量的主阵地——

---

　　① 朱旭东，宋萑，等. 新时代中国教师队伍建设的顶层设计 [M]. 北京：北京师范大学出版社，2018：8-9.

课堂教学"上，因此我们针对教学诊断、教育评价、教育行动研究、校本研修等都做了分册撰述。同时，根据教师专业的特质，教师发展必须以"实践性知识"作为支撑，我们也从校本研修、行动研究、技术促进学习和提高信息素养等方面做了一些专门的讨论，希望教师以"立言"的形式进行创新探索，积淀经验成果，实现交流互动。

建设教育强国是中华民族伟大复兴的基础工程，我们每一位教师都为投身这伟大斗争、伟大工程、伟大事业、伟大梦想而深受鼓舞。我们深信，经过奋发努力，"教师综合素质、专业化水平和创新能力大幅提升，培养造就数以百万计的骨干教师、数以十万计的卓越教师、数以万计的教育家型教师"，"广大教师在岗位上有幸福感、事业上有成就感、社会上有荣誉感，教师成为让人羡慕的职业"的目标一定能实现。

为此，我们期待着本套丛书的出版能够为广大基层教师的教育教学工作带来一定的帮助。

2020 年 7 月

前　言

　　"评价"一词，在一般意义上是指厘定事物优劣或高下程度的活动过程；"教育评价"作为一种专业的指称，是常被人们称为"教育评价之父"的泰勒提出来的。泰勒把课程看作一组从多方面设计的学校经验，这些经验的设计和执行是为了帮助学生达到特定的行为结果。泰勒创造了"教育评价"这个词，并把它作为教育方案的一个部分。那么，什么是"教育评价"呢？"教育评价"指的是评定有价值的目标已达到的程度。泰勒在 1949 年出版的《课程与教学的基本原理》被公认是现代课程理论的基石，是课程领域最有影响的理论构架。"泰勒原理"包括四个基本问题：

　　1. 学校应该达到哪些教育目标？

　　2. 提供哪些教育经验才能实现这些目标？

　　3. 怎样才能有效地组织这些教育经验？

　　4. 我们怎样才能确定这些目标正在得到实现？

　　显然，当我们讨论如何进行教育评价时，几乎要涉及"泰勒原理"的方方面面。作为课程与教学的"最后一公里"，教育评价对于课程与教学目标、内容、结构的认定和衡量、反馈与调节、补救与改进是十分重要的。

　　无论是在国内还是在国外，教育评价都有一个很长的"前发展"历史；现代教育评价也经历了"测量时代""描述时代""判断时代""建构时代"的迭代发展。教育评价总是在时代的需要的推动下变革和发展的。就我国新时期的要求来看，当教育质量受到普遍关注时，从理论到实践，都需要把提高教育质量聚焦在一个关键点上，这个关键点就是学习。众所周知，学校教育有两类最基本的活动——教与学，认识这两类活动的关系，历来是教学论的重要命题。从教学论的走向上看，由关注"教"走向关注"学"已经是大势所趋，晚近在实践基础上提出的"为学而教""以学定教"同早先的"教的法子必须根据学的法子"（陶行知）、"教是为了不教"（叶圣陶）等说法相互呼应，得到广泛认同。"学是教的起点，也是教的终点，并且是界定教的质量的圭臬。"（刘次林）教的天职只有一个："加速学习活动的进程，提升学习的效能，增进学习的深度，优化学习的品质。只有在学习发生的地方才需要教学，教学存在的目的是引发学习、解放学习、维护学习、增强学习。"（龙宝新）总之，学生的学习成为学校教育活动的中心，自然也是教育质量的内核。这也就是教育评价为什么在学校中和教师采用时必须以学生的学习为中心和重点的原因。正是在这个意义上，本书把教育评价归结在学习评价上。

本书是围绕学习评价的方法、工具和技能编撰的应用性读物。"学习"主要指学生在学校里特别是课堂上的学习，评价的方法、工具和技能自然是指教师与学生对学习活动和学习成效进行评价的一套手段和方式。虽然评价的理论、观念和功能之类的基础认识以及评价的目标、内容和模式等相关知识都是十分重要的，但已有较多著作论及。因此，本书只将它们作为指导思想和构成要素进行一些介绍，语焉不详在所难免。

本书的编写采用了许多学者和教师的研究成果，在此深表感谢；本书的不当之处还望读者指教。

目　录 Content

第一章

怎样将教育评价理论应用于教学实践

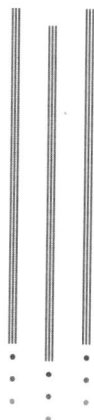

提高教育质量是教育事业的永恒主题，也是新时代教育改革和发展的重心。教育质量的测度、管控和提升，始终离不开教育评价。教师的工作绩效和学生的学习进步都与教育评价息息相关。

党的十八大明确提出，努力办好人民满意的教育。人民满意的教育，是更高质量、更加公平的教育。提高教育质量是教育事业的永恒主题，也是新时代教育改革和发展的重心。教育质量的测度、管控和提升，始终离不开教育评价。教师的工作绩效和学生的学习进步都与教育评价息息相关。

一、 教育评价的意义

学校必须以"教学"为主。教学，特别是课堂教学，有什么特征呢？叶澜教授认为，教学目的、任务的特殊性在于"实现人类社会群体世代积累而成的、共有的精神文化世界和学生个体精神世界的相互沟通与转换"；教学过程中师生活动具有"内在不可分割性、相互规定性和交互生成性"。当我们提到"教学质量"时，必先认识到它是由"教"与"学"两方面的质量共同构成的。教的质量表现在并落实为学的质量，学的质量标志着、检测着教的质量，二者难以分离。

（一）评价与学习评价

"评价"由"评"和"价"两个词素构成。评是评论、评判、在比较中做判断的意思；价是价值、估价的意思。评价就是判断事物的价值，评判价值的高低。

1. "教育评价"的阐释

对于"教育评价"的阐释向来莫衷一是，国际上教育评价专家取得的较广泛的共识是"或者把评价定义为一种优缺点或价值的评估，或者把评价定义为既有判断又有描述的活动"；评价标准联合委员会的定义是"评价是对某种对象的价值和优缺点的系统调查"。

有更多教育评价专家赞成把教育评价理解为"事实＋价值"，即"在系统收集信息基础上的价值判断"，在教育评价的实践中也更多地体现了这样的认识。

在学校教育中，"评价"作为一种实践活动包含测量和评估两个部分：测量是指通过收集信息了解事物发展的状况；评估是指在掌握了事物发展状况的基础上，根据一定的标准对事物的发展状况做出判断。从性质上来说，测量是事实判断，评估是价值判断；测量是评估的基础，评估需要测量提供依据，同时，测量需要评估来赋予其意义。因此，评价是一种以测量为基础，并根据一定的标准对事物进行估价的活动。

学习链接

一个认识"评价"的框架①

米勒等认为，评价是指经由观察、表现与专题评定或纸笔测验获得学生学习信息，并对学生学习进展予以价值判断。评价要回答的问题是："这个人表现得有多好？"兼顾量化描述（测量）与质化描述（非测量）。测量是获得量化的过程，用以描述个人拥有特殊特征的程度。测量要回答的问题是："这个人表现了多少？"重点在量化描述。测验是指运用一种特定的工具或系统化程序（通常包括一组试题），在固定时间与合理可比较的情境下对所有学生进行测验。测验要回答的问题是："无论是与个人还是与他人的表现比较，这个人表现得有多好？"重点在于个人与他人的表现的比较。

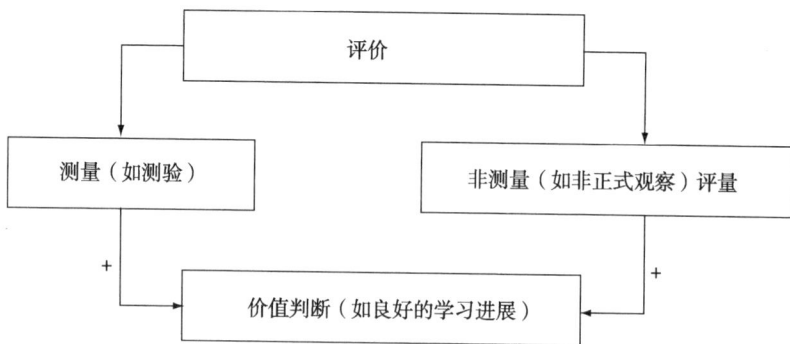

图 1-1 评价过程

---

① 李坤崇. 教学评估：多种评价工具的设计及应用 [M]. 上海：华东师范大学出版社，2011：1.

2."学习评价"的指向

在学校教育中，如果把评价的对象指向学生的"学习"，这就是"学习评价"，即在充分收集学生学习活动的各种信息的基础上，对"学习质量"做出"高低"或"优劣"的判断。显然，这种判断离不开一定的"标准"（学习目标），又必须凭借趋向目标活动的信息（学习过程），还要认定经过学习以后学生的发展变化（学习效果），有时还需要了解为学生学习活动提供的条件（广义的学习环境）。

3.教与学评价的关系

我们知道，教学过程是师生互动、共同发展的过程。在教与学的活动中，重视"学习的评价"是因为"学习"在教育（包括教学）中具有核心意义。联合国教科文组织连续出版的有关文献及其具体行动都表明，一种较为鲜明的倾向已经展露出来，即以学习来切中当代教育的实质、凝聚教育活动的要素、引领教育发展的诉求、表达优质教育的价值。这种倾向可以称为"教育学习化"。[①] 联合国教科文组织提出："现代教学……应该使它本身适应于学习者，学习过程正在趋向代替教学过程。"[②] 美国乔伊斯甚至说："教学模式就是学习模式。"[③]

学习链接

测量、测验、评定的区分与联系

在教育评价中经常要用到三个概念，即测量、测验和评定。

测量、测验、评定各自的内涵

测量是根据一定的法则，用数字对客体或事物加以确定的过程。如测得某同学的身高是 1.65 米，体重为 70 千克。测验则是一种程序，是一种间接测量，它只是全部题目的一个代表性样本。如，我们选取了各种题目中的一些样本编成试卷，间接地测量学生对知识的掌握情况。

---

① 曾文婕，黄甫全.课程改革与研究的新动向：彰显学习为本 [J].课程·教材·教法，2013 (7).

② 联合国教科文组织国际教育发展委员会.学会生存：教育世界的今天和明天 [M].北京：教育科学出版社，1996.

③ 乔伊斯.教学模式 [M].荆建华，等，译.北京：中国轻工业出版社，2002.

评定是根据测验目的，对测量结果进行解释，也就是对测量结果进行主观判断的过程。

测验与测量的联系和区别

测验和测量密切联系。凭借测量，人们对客体和事物做出客观的、数量化的描述。测量多以测验为工具。

测验和测量也有明显的区别。测验是施测的一种形式，而测量却是施测的过程；测验是引起某种行为的工具，是一种测量工具或测量量表，测量则是用数字方法对人的行为进行描述。

测量和评定的联系和区别

测量和评定是密切联系、相互依存的两个过程。测量以评定为结果，评定以测量为手段，评定是在测量的基础上做出的。没有测量，评定将缺少依据和基础；没有评定，测量则失去意义。

测量和评定也有区别。测量是一种手段，是客观的描述；评定是目的，是主观的判断。

（二）学习评价的内涵

一般认为，学习评价即"对学习的评价"。具体而言，"学习评价就是对学习者通过学习而获得的素质发展及学习过程本身进行评判"。[①]

细究其内涵，关注点和着力点还有各种差异。如美国 UCLA-CRESST 主任 Joan L. Herman 教授在上海 2011 课堂评价国际研讨大会报告中向与会者介绍了关于学习的评价（assessment of learning）、为了学习的评价（assessment for learning）、作为学习的评价（assessment as learning）在评价方式、评价实施时间、评价效果等各方面的不同及其相互之间的关系。

1. 对于学习的评价

对于学习的评价是一种外在于学习者的评价，即用事先规定的统一标准对学生学习加以衡量、裁定、选拔，它更关注学生学习的结果，甚至只关心

---

① 丁念金. 和谐社会背景下学习评价的文化自觉 [J]. 当代教育科学，2011 (24).

考试分数。这种评价不一定考虑学生的需要、学生的终身发展与独特之处，在功能上突出的是鉴定、筛选或者管理与问责。当然也应当看到，这种认证性和选拔性评价依然具有非常重要的地位，因为个体进入社会生活需要获得相应的学业成就水平的证明，高一级教育资源和社会资源相对有限，需要相对公平的分配机制。监测性评价则源于国家对教育质量的责任和对有关教育质量的信息需求，近年来得到了很大发展；用于政策或项目评价的学生学业成就评价因为科学决策的要求而发展。学生学业成就评价同样被广泛地作为对地方、学校、教师和学生个体进行问责，并促使其对自己履行职责的情况承担责任的工具。因此，"对于学习的评价并没有被削弱"，而是同"促进学习的评价"相结合。①

2. 促进学习的评价

促进学习的评价也可视为"为了学习的评价"。促进学习的评价最重要的特征是"教学、学习和评价三位一体的关系得以建立，评价被看成镶嵌于教—学过程之中的一个成分"。② 有研究者从"为了学习的考评"角度分析其特点：一是考评嵌入教与学的过程中，是教与学过程的必要部分；二是涉及和学生分享学习目标；三是其目的是帮助学习者理解和认识到他们需要达到的标准；四是涉及学生的自我考评；五是能提供可以引导学生认识到下一步采取的步骤以及如何实施这些步骤的反馈信息；六是基于所有学生都能改进的信息；七是涉及教师和学生共同回顾和反思考评数据。总之，考评的目的在于促进学生发展，使学生能主导自己的学习，而并非仅对成绩做简单的判定，因而它允许学生参与评价，在参与过程中发展自我评价的能力，同时教师给予及时、有效的反馈，促进学生的发展。③

3. 作为学习的评价

美国国家科学研究委员会（NRC）将评价与学习视为"同一枚硬币的两

---

① 崔允漷. 促进学习：学业评价的新范式 [J]. 教育科学研究，2010 (3).

② 崔允漷，王少非，夏雪梅. 基于标准的学生学业成就评价 [M]. 上海：华东师范大学出版社，2008：2.

③ 一帆. 为了学习的考评 [J]. 教育测量与评价（理论版），2012 (6).

面"。美国有学者指出，"评价即学习"主要包含三层意思：学生需要发展成独立的学习者，能够进行自我管理和监控学习，能够克服障碍；课堂是一个学习社区，教师和学生能够在一起合作完成学习任务；学习者是评价的主人，能够进行自评和互评。当然，这必须符合"好评价"的几个核心要素[①]：与学习目标紧密相连、激发学生朝着预期的目标前进、通过适当的评分机制解释学生处于目标的何种阶段、提供可信和有效的证据以产生后续的改进计划和行动。

我国有学者分析了评价与学生学习的同构机制，并提出了一个评价与学生学习的同构模型。[②]

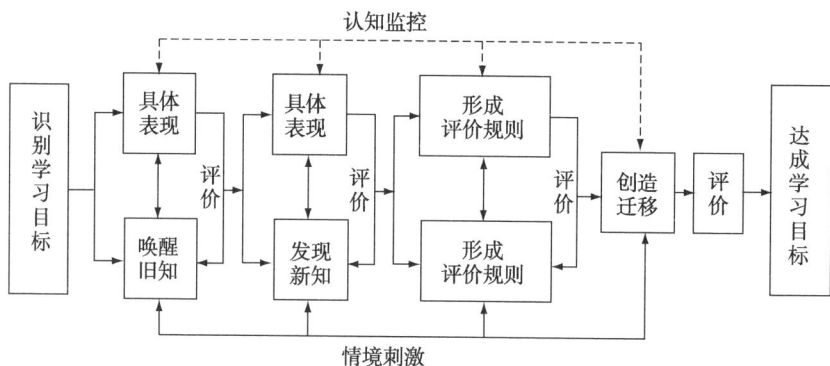

图 1-2　课堂评价与学生学习的同构模型图

也有学者根据认知心理学的研究提出"测试即学习"的观点，认为测试不仅是一种评估工具，更重要的是其能"直接促进学习"，包括"为学习提供了必要的难度""促进了学习的精细加工""为学生提供了策略转移的机会"，等等。这为我们全面认识"测试效应"从而利用好测试有所启示。[③]

---

① 蔡文艺，王小平. 促进学生学习和发展的课堂评价：课堂评价国际研讨会综述 [J]. 教育测量与评价（理论版），2012.（1）.

② 卢臻. 课堂评价与学生学习同构机制探秘：评价即学习：以中学语文为例 [J]. 教育测量与评价（理论版），2014（2）.

③ 周爱保，马小凤，杨玲. 测试即学习：认知研究对教学实践的启示 [J]. 课程·教材·教法，2013（2）.

事例点击

影响人一生的学习评价

评价与生命同在

年轻的初中女教师海伦发现自己所教的班里有不少学生学习很吃力，有一些学生因此而有些灰心。为了帮助这些学生增强信心，她想出了一个"妙计"：让每个学生用纸写下其他同学的优点，然后海伦分别抄下大家写给每个人的优点，再把这份"优点单"发给学生自己。学生们看到"优点单"上写的自己的优点，一个个惊喜万分，那些信心不足的学生很快恢复了信心，学习成绩都有了明显的提高。若干年后，海伦与这个班的学生们一起参加了本班一个在战争中死去的学生马克的葬礼，死者的父亲从其遗物中拿出一张曾经打开、折合过许多次的笔记本纸，海伦一眼就认出了这是马克的"优点单"。这时，其他同学也都从自己的贴身口袋里拿出了自己的"优点单"。大家说，我们都保留着这份"优点单"，随时随地带着它。它在我们遇到困难的时候可以让我们想到自己的闪光点，从而增强自信心。

"一句话作文"被发现以后

广东省特级教师丁有宽老师的班上留级下来一位叫小林的学生，他学习成绩特别差，品德也很差。他一连留级几年了，四年级的学生，语文成绩只有8分，连一段作文都不会写，他被认为是低能儿，遭到了厌弃。可是丁老师却不讨厌他，常常给他讲故事，还帮助他一起做好事，做完后就让他写作文。有一次，丁老师领他同班长一起清理水沟，之后，他只写了一句话的作文："我和班长在校门口清水沟。"丁老师就在班里的墙报上开辟了"一句话赞一件好事"专栏，首登了他的这句话，这使他受到极大的鼓舞。以后他主动要求做好事，做完就写，慢慢地，作文水平赶上一般同学了，别的功课也慢慢地赶了上来。有一次上语文课，课文题目是《小桂花》，小林突然举手说："老师，我认为《小桂花》的题目得改。"课堂一阵骚动，有些学生认为这个差生在瞎逞能。丁老师却高兴地请小林把看法讲清楚。小林说："这篇课文写周总理关心小桂花和群众的疾苦，却用'小桂花'作为标题，文与题不统一。"丁老师赞扬小林肯动脑筋，问题提得好，随即给编课本的人民教育出版社去了封信。第二年，《小桂花》果然改成了《一张珍贵的照片》。小林这个差生，毕业时学业全赶上来了，并且以优良的成绩考上了重点中学。

（三）学习评价的变革

随着学习评价理论和实践的发展，学习评价出现了许多新的趋向。从整体上看主要表现在三个方面。

1. 凸显育人为本的追求

凸显育人为本学业测评的概念是以育人为本为指导，以学业质量标准为依据，以项目反应理论为基础，以自适应的计算机测评为导向，以让学生成为更好的学习者为目的，通过对学业成绩以及由此体现出来的学业表现、品德行为、身心健康以及影响学生学业成绩的教育环境与社会环境等测评，实现学生的健康快乐成长。[①]

育人为本的学习评价不再把人看成可资利用的工具，而是把人当作发展的主体，当作教育教学的目的来对待。也就是说，学习评价的根本是人的价值。因此，要使每个评价对象都得到基本的尊重，都体验到作为一个人的基本的尊严；要让每个评价对象都具有公平地体现、提升自己价值的机会；要有足够广阔的价值评判空间，以全面估价和认可每个评价对象的价值；要起到增值的效应，即能促进人的价值的提升；要充分体现学生的自主需要；要让评价对象和评价者体验到崇高感。[②]

2. 形成新的评价范式

我国学者在论及"当评价功能转向促进学习时"，引用了柏拉克的话——"一种新的范式"正"缓慢地出现"[③]，并指出，有人将正在出现的新的评价范式描述为"评价文化"。在这种评价文化中，传统的智慧正被超越，新的智慧正在出现：

教学智慧——关注学习；

---

① 陈瑞生. 学业测评理论研究的新趋势：凸显育人为本 [J]. 课程·教材·教法，2014（2）.

② 丁念金. 学习评价的根本是人的价值 [J]. 教育测量与评价（理论版），2012（4）.

③ 崔允漷，王少非，夏雪梅. 基于标准的学生学业成就评价 [M]. 上海：华东师范大学出版社，2008：7.

学习智慧——反思性的、主动的知识建构；

评价智慧——情境化的、解释性的、基于表现的。

"新的范式"同时指向四个方向的系统变革。

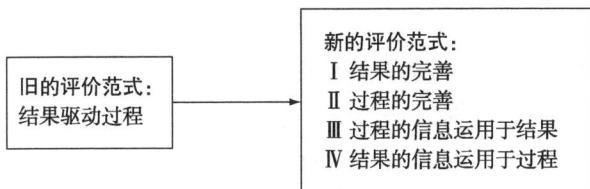

图 1-3 评价范式的变革

3. 建构平衡的评价方法连续体

我们知道，传统纸笔测验主要是选择性反应题目（选择题、正误判断题、匹配题）和填空题、简答题，要求学生在提供的多个答案里进行选择或者对问题做出简短的回答。"在通过教育活动所形成的整体学力中，客观性测验实际上只能测定、评价以与记忆、理解有关的部分为中心的极其狭隘的领域。"当然，在测试中并不是要抛弃这样的题目，"而是要建立一个平衡的评价体系。其中'平衡'的核心内涵在于评价方法与教育结果之间的匹配程度"。我们应当意识到，从"选择性反应题目"到"建构性题目"（通过积极思维形成自己独特的理解，独立解决问题），是一个"评价方法的连续体"，如图 1-4 所示。[①]

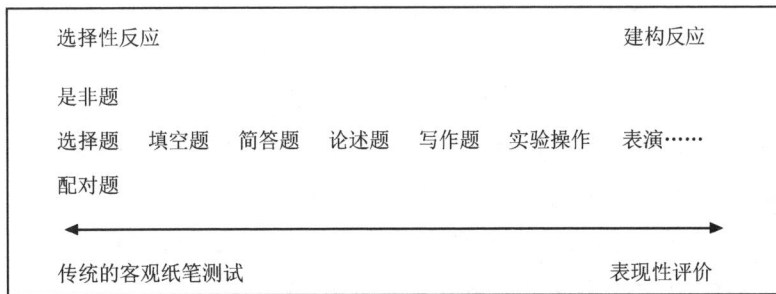

图 1-4 评价方法的连续体

---

① 周文叶. 中小学表现性评价的理论与技术 ［M］. 上海：华东师范大学出版社，2014：5，45.

因此，在测试命题时，要参照这一评价方法连续体，平衡各种题型的组合，使之与我们意欲测试的结果相匹配。

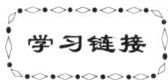

学习链接

教育评价的发展历程

价值是"评价"这一术语的根基，教育评价的价值基础是各种具体评价方法的价值倾向之所在。从教育评价理论的发展来看，评价模式价值基础的转换是依据当时的历史条件而发展变化的。与整个社会由一元向多元的社会价值观的转换紧密相连，评价理论的价值基础也经历了一个从价值屏蔽到价值确定与唯一，再到关注多元价值的过程。

第一代评价理论：测量时代

这一时代的评价侧重于"测验和测量"，以追求评价结果的数量化、客观化为主要目的，盛行于19世纪末至20世纪30年代。其主要标志是测量理论的形成和测量技术、手段的大量应用。

第二代评价理论：描述时代

这一时代的评价侧重于对"测验结果"做"描述"，以判断实际的教育活动是否达到预期的教育目标及达到的程度如何，盛行于20世纪30年代至50年代。其主要标志是泰勒评价模式的产生及应用研究。在这个时期，评价不仅仅是一两个测验，而是一个过程，评价者亦不再是"测量技术员"，而是一个"描述者"，来描述教育目标与教育结果的一致程度，故这个时代被称为"描述时代"。

第三代评价理论：判断时代

第三代评价发端于1957年苏联卫星上天后美国发动的教育改革，盛行于20世纪50年代末到70年代末。"判断"是这个时期评价理论的特色。前两代评价都没有涉及"价值判断"这个问题，但第三代评价不仅涉及了"价值判断"，还把它作为评价工作中的关键。在这个时期，评价者不仅要运用一定的测量手段去收集各种参数，还要制订一定的判断标准与目标。因而，这个时期也被称为"判断时代"。

第四代评价理论：建构时代

第四代评价理论兴起于 20 世纪 80 年代的美国，以回应和协商为重要标志。这个时期的教育评价提出了"共同建构"、"全面参与"、"价值多元化"、"评价中的伦理道德问题"以及"应答性资料收集法"、"建构主义评价法"等评价思想和方法。

纵观上述教育评价理论的发展历程，我们可以看出，教育评价目前正面临着新的变革，变革的基本走向是从强调客观工具（第一代评价）、目标达成度（第二代评价）、标准（第三代评价）的鉴定性评价转向重视协商与建构（第四代评价）的发展性评价。应当看到，每一代评价理论都有其优点和不足，在实践中，我们完全可以扬长避短，使评价既能鉴定教育的效能，又能促进教育的发展。

（四）学习评价的主体

在全球化的时代，利益诉求与价值观念的多元、多样、多变已成为时代的一个重要特征，与此相应，"第四代教育评价理论"提出的"共同建构""全面参与""回应协商"等思想和方法受到青睐，具体表现为"评价主体多元化"。学习评价尤其注重这一点。

1. 评价主体的多元化

所谓评价主体，是指那些参与教育评价活动的组织与实施、按照一定标准对评价客体进行价值判断的个人或团体。不同的评价主体，由于其自身身份的不同，在评价中的任务、职责、作用就不尽相同。但不同的评价主体却可以从不同的侧面为评价提供不同的信息，这有利于保证评价的整体质量，也有利于整合教育力量。为了促进学生评价改革，《教育部关于积极推进中小学评价与考试制度改革的通知》指出，要"重视学生、教师和学校在评价过程中的作用，使评价成为教育行政部门、学校、教师、学生和家长共同参与的交互活动"。

国外许多教育评价专家主张，评价的主体应当是多元化的，凡是与被评价对象有关系的人群都应该在评价中发挥作用。我国许多教育评价研究者近来也在呼吁，学生评价应该由教师、家长、同伴和学生自己来共同完成。多种人员参与评价的过程，可以使评价目标更加科学、全面，评价方法更加多样，评价信息更加系统、可靠和及时。如教师可以通过对教学全过程的考察，确定学生在各学科学习中的学业成就；家长可以对自己子女在学校以外的学习状况进行评价，比如学习兴趣、学习态度和学习习惯等；同伴可以评价每一个学生在学习中的合作精神，以及表现出来的各种优点和缺点；学生个人可以对自己的学习现状进行总体分析和总结，反思自己的不足和差距。

一系列研究表明，家长参与学校的工作越多，参与程度越深，他们的孩子越能体验到被爱的喜悦，各科的学习成绩也提高得越快。出现这种效果的主要原因是，当学生看到家长积极参与学校工作的时候，会产生一种被支持、被关怀的感觉，同时会产生一种自豪感，感觉到父母真正了解学校的情况和要求，也真正在关心自己的成长，由此而产生努力学习的热情和动力。①

2. 学生成为评价主体

要使学生成为学习评价的主体，学生就必须明确评价的目标，主动收集信息来持续监控自己达成目标的过程，并充分运用评价结果的信息来进行自我反馈、自我调整。换言之，学生必须成为评价过程的参与者。

学生参与评价意味着学生应当成为评价的全过程的主体。首先，学生应当参与学习目标的设定。学生必须学会将教师清晰呈现的教学目标转化成学习目标，形成关于学习成果的清晰的愿景，明确学习目标所要求的成果或产品的质量，并以此为努力的方向和监控自己学习的标准。在这一方面，教师与学生交流分享教学目标，让学生参与评分规则的制订，对于学生极为重要。其次，学生应当主动参与信息或证据的收集。学生必须学会自我反思、自我监控，主动收集自己在达成目标过程中的进步表现，明确自己的优势和差距。档案袋评价的实施能够为学生在这一方面的参与提供机会。第三，学生应当参与评价结果的交流。当学生主动参与评价结果的交流时，就能获得关于评价结果的更深入的理解，更好地成为评价信息的用户，成为基于评价信息的决策者。在这一方面，让学生参与关于评价结果的协商，并参与家长的交流，

---

① 蔡敏. 当代学生课业评价 [M]. 上海：上海教育出版社，2006；36—37.

将十分有效。[①]

3. 完善评价参与模式

我国有研究者提出，在教育评价范式转变中，包括学习评价在内，都应形成具有自己特点的评价模式[②]，其核心要点如下：

协商——寻找利益相关者共同认同的价值基础，这是评价活动进行的基础。为此评价模式中需要体现评价利益关系人的价值辨析、价值表述、价值争议与选择、价值共识达成等关键的环节及其要求。

共识——教育评价的行动应当建立在基本共识的基础上，没有共识的行动是乏力的。

开放——评价的信息来源应当是开放而非封闭的。共同寻找可以做出价值判断的全面信息（利益关系人共同提供相应的信息），在信息收集、信息筛选、信息确认、信息处理的主要阶段都应当开放，信息的收集与处理应当在共识基础上充分开放。

公开——教育评价活动过程应当是公开的。评价应当建立在公众监督之上，至少应当受到利益关系人的充分监督，所谓"突击""暗访"等不应当存在于新的评价模式中。

理解——评价结论的运用应当得到正确理解。这既包括结论本身应当让公众理解，也包括评价结论的运用需要事先协商并获得利益相关者的认同。

二、 发展性学习评价理念

"发展"是人类社会特别是现代社会活动中最重要的主题。"对整个发展

---

① 崔允漷. 促进学习：学业评价的新范式 [J]. 教育科学研究，2010 (3).
② 戚业国，杜瑛. 教育价值的多元与教育评价范式的转变 [J]. 华东师范大学学报（教育科学版），2011，29 (2).

问题的看法，同时是理解现实和现时代的钥匙。"① 在我国，发展是以人为本的科学观的"第一要义"，而人的一切发展与变化皆源自学习，学习体现着人的本质属性，铸就着人的第二天性，规划着人的人生轨迹。必须把发展性学习评价放在这一背景下来认识。因此，教育评价的理念，集中地体现在"发展性评价"之中。

（一）发展性学习评价的解读

"发展性学习评价"是"发展性教育评价"的一个下位概念。按照《基础教育课程改革纲要》陈述的精神，发展性教育评价的外延，至少涉及"学生评价"、"教师评价"和"学校评价"。发展性学习评价归属于"学生评价"的范畴，其内涵同"发展性教育评价"一致。

1. 发展性教育评价的内涵

作为一种理念，发展性评价的思想孕育良久，从泰勒的"八年研究"起，历经布卢姆、斯克瑞文等人的倡导，直到第四代评价理论，认为教育评价是为了改进（improve）而不是证明（prove），教育评价的功能由侧重甄别转向注重诊断、激励和发展，这已经成为当代教育评价发展的重要趋势。顺应这种趋势，发展性评价也就是指在发展的整个过程中进行的，旨在促进被评价者不断发展的评价。②

董奇和赵德成曾这样阐释发展性教育评价的内涵：

其一，实施评价的根本目的是更好地促进学生的成长，促进教师教育教学水平的提高，促进学校的发展；

其二，评价内容多元化，除关注学业成就、升学率外，还要重视被评价者多方面素质与潜能的发展；

其三，评价方法要多样化，除考试或测验外，还要使用观察、访谈等多种科学有效、简便易行的评价方法；

---

① 程新英. 发展的意蕴：发展观的历史嬗变与科学发展观的当代价值 [M]. 北京：中国社会科学出版社，2006.

② 董奇，赵德成. 发展性教育评价的理论与实践 [J]. 中国教育学刊，2003（8）.

其四，对学生、教师和学校的评价不仅要注重结果，更要注重发展和变化过程，把终结性评价与形成性评价有机地结合起来；

其五，重视学生、教师和学校在评价过程中的作用和主体地位，使评价成为教育行政部门、学校、教师、学生和家长共同积极参与的交互活动。

2. 发展性学习评价的界说

为推动学生发展而进行的学习评价，一般可称为"发展性学习评价"。

对学生学习的评价具有多方面的功能，如"诊断"——确定学生已经具备的学习基础；引导——指明学生课业学习的努力方向；反馈——报告学生学习成绩的真实情况；激励——激发学生主动学习的内在动力；调节——协助整个教学过程的教师决策。[①]

《基础教育课程改革纲要》明确指出："评价不仅要关注学生的学业成绩，而且要发现和发展学生多方面的潜能，了解学生发展中的需求，帮助学生认识自我，建立自信。发挥评价的教育功能，促进学生在原有水平上的发展。"也就是说，新课程强调"为了每一位学生的发展"，与之相适应的教学评价就应成为学生发展的催化剂和学生参与教学活动的推进器，让学生在各自不同的起跑线上逐步发展自我、完善自我。其作用就是让跃跃欲试的学生充满自信，让迷茫困惑的学生充满期望，让聪明智慧的学生超越自我。

3. 学生发展心理的启示

要深入理解发展性评价，还要将其与发展心理学中的某些观点联系起来。发展心理学认为，每一个个体和组织都具有巨大的发展潜能；发展是一个连续的、循序渐进的、螺旋式上升的过程，是量变与质变相结合的过程；内因是发展的根本，外因是发展的条件，发展是内外因共同作用的结果。这些观点告诉我们，在认识与实施发展性评价的过程中，要用发展的眼光看待评价对象，尊重评价对象的主体性和差异性，强调评价对象的自我评价、自我反思和自我监控，注重评价对象发展变化的过程，使评价成为促进评价对象不断发展的教育活动。

---

① 蔡敏. 当代学生课业评价 [M]. 上海：上海教育出版社，2006：14—17.

（二）发展性学习评价的功能

1. 反馈调节功能

评价结果以科学的、恰当的、具有建设性的方式反馈给被评价者，从而使被评价者对自身建立更为客观、全面的认识，促进其进一步发展；评价过程建立在相互平等、尊重和互惠的基础上，通过协商、讨论、辩论等不同的沟通方式，使被评价者能自主地调控评价活动本身。

2. 展示激励功能

即发展性评价更多地将评价活动和过程当作为被评价者提供一个自我展示的平台和机会，鼓励被评价者展示自己的才华和成绩；配合恰当、积极的评比方式和反馈方式，将评价活动变成积极有效的激励手段。

3. 反思总结功能

即强调个体的积极参与，使之成为自觉的内省与反思的开始，促使其认真总结前期经验，并思考下一步计划，这将促进个体形成良好的反思与总结习惯，对其一生的发展都有益处。

4. 成长过程记录功能

灵活使用不同的评价方法和手段，尤其重视质性评价方法，如成长记录袋等，强调评价的日常化，这样可以清晰、全面地记录个体成长中点点滴滴的变化。

（三）发展性学习评价的特点

发展性学习评价的特点是发展性教育评价理念在评价学生学习时的具体表现，其要点可归结为四个：

1. 以促进学生发展为目的

学生的发展包括五个方面："每位学生充分的发展"，即全体学生都尽其可能地、最大限度地实现最优发展；"全面而和谐的发展"，即学生在品性、智能、体质等方面都能和谐统一、整体融合地发展；"终身持续的发展"，即具有终身受益的学养、习惯、方法基础和持续发展的内在动力；"主动地、生动活泼地发展"，即能自主地、快乐地、健康地发展；"个性特长的差异发展"，即能秉持个性，各展其长，凸显优势。

2．以学习活动过程为聚焦

学生发展是通过学习活动来实现的；学习活动有一个展开的过程。学生在学习活动中的学习积极性、自觉化程度、全身心投入与参与面、学习策略的方式和方法、学习的自我管理与调节等，都是学习活动过程的关注点。

3．以多种评价方式为依托

由于发展性学习评价内容的丰富性、评价主体的多元性，在评价方法上也是多元的。不仅有诊断性、形成性和终结性评价，还有自我评价和他人评价；不仅有量化评价，如纸笔测试，还有质性评价，如表现性评价、档案袋评价；不仅有即时评价和延时评价，还有日常评价和集中评价；等等。这意味着，评价学生不只有一把"尺子"，而是有多把"尺子"。

4．以学生主动参与为动力

真正的评价不是靠外部力量的督促和控制，而是每一个主体对自己行为的"反思意识和反思能力"。发展性学习评价非常注重发挥学生在评价中的主动性，在制定评价内容和评价标准时，教师应更多地听取学生的意见；在评价资料的收集中，学生应发挥更积极的作用；在评价时，教师也要鼓励学生积极开展自评和互评，通过"协商"达成评价结论；在反馈评价信息时，教师更要与学生密切合作，共同制定改进措施，以保证改进措施的真正落实。

（四）发展性学习评价的实施

发展性学习评价的实施需要按照一定的程序，选择和运用一定的方式、方法和评价工具，如测试、表现评价、档案袋评价等，这些我们将在后面介绍，这里我们只强调实施中的几个重点。

1．融入课业学习

首先是通过评价对一般学习方法进行指点。这是对各类学科都适用的学习环节及有关方法的指导。如指导学生如何合理用时、预习、听课（包括做笔记）、复习、作业、应考、做学习小结、课外学习、科学用脑及自学等。

其次是通过评价对学生如何掌握学科学习内容及方法进行指导。可根据中小学开设的各学科的性质和特点，在评价中针对问题做好提示。还要注意单项学习的评点，如阅读、作文、运算、解题等方法。

再次是通过评价对个别学生的学习方法进行指导。针对学生的智力类型、认知特点、性别差异等个性特征，注重有的放矢，长善救失。

2. 伴随学习活动

学生的课堂学习活动虽然是一系列的心理运作，但都会从行为中表现出来，教师通过观察法可以机敏地对其进行引导，注意采用提醒、比对、鼓励、劝说、建议等方式，把"评"与"导"结合起来。

3. 重视学习诊断

评价具有诊断的功能，但一般的评价往往忽视"诊断"这一环节。学习诊断与学习评价相比，显然有不同的侧重点。如果说学习评价重点是"价值判断"，即对好、坏、优、劣给出个说法，做出评定，其效应可扩展到鉴别、筛选等领域的话，学习诊断则是指向学习中出现的问题或毛病，重点是分析病状，追索病因，阐明病理，其目的主要是防治与补救。所以，做学习诊断是在评价之后更深入地针对问题与病症进行分析、研究和处理的活动。

对学生进行学习诊断要在评价的基础上进行追因分析和补救干预，一般包括对学生学习行为、学习动因、学习能力、学习方法与习惯、学习环境等方面的分析以及提出相应的改善措施。在践行中可多采用现场点评，家庭、学校、社区相互交流沟通，专业会诊等做法。

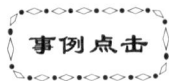

事例点击

学习评价的三面镜子[1]

从 2002 年秋季开始，我校在开展新课程改革实验过程中，积极参与了关于"学生评价方式改革"的课题研究，淡化评价的甄别和选拔功能，充分发

---

[1] 刘礼从. 三面镜子：用发展的眼光评价学生 [N]. 中国教育报，2004—07—06.

挥评价的改进和激励功能，在实现评价目标多元化的同时，对学生评价方式进行不断改革和创新。实验证明：多一把尺子就多出一批好学生。学生评价方式的改革在我校取得了较显著的效果。我们的具体做法是：

放大镜——发掘学生的闪光点

新课程的实施，让我们意识到学生中不存在差生，只存在差异，过去我们眼中所谓的差生，只是其潜能没有得到很好的发掘，只是暂时的落后。发现和挖掘学生身上的闪光点，推动学生心中那种积极向上的内在力量显得尤为重要。为了发挥评价的激励功能，我校在发掘学生的闪光点上使用了"放大镜"，用"班级之最"的评选作为评价工具，取代传统的"三好学生"的评选。

我校"班级之最"共分为七项：做好事最多、最爱劳动讲究卫生、最讲文明、进步最快、回答问题最积极、创新意识最强、班级荣誉感最强。传统的"三好学生"的评选，偏重于智育，周期长（每学期一次），表彰面太小（15％），只让少数学生获得成功的体验，特别是忽略了对孩子的个性和创造性的激励，缺乏渐进性和延伸性，不利于大多数学生的可持续性发展。我校开展的"班级之最"的评选针对这一弊端进行了改革，"班级之最"每月评选一次，每学期评优面达到了85％。它的评选突出强调了学生的日常行为规范，并注重过程评价，让每位学生都得到关怀，使每个学生的个性都得到充分展现，让更多的学生体验成功。

自从开展"班级之最"评选以来，许多过去老师眼中的"问题"学生脱胎换骨，焕发出新的活力，得到老师和同学们的好评。

反光镜——摘掉学生的缺点

学生在成长的过程中，往往会频繁产生"不成熟"的言、行、事，难免存在不足，也易犯错误，那些不良的习惯、消极的情绪会成为学生发展中的绊脚石。我们认为，既然学生的发展是一个动态的过程，教师就要用动态发展的眼光看待学生，用积极乐观的态度看待学生的缺点。为了帮助学生改正自身的缺点，我校选择"反光镜"作为评价工具。

今年春季，学校每间教室的墙壁上醒目的地方都出现了一个名为"反光镜"的栏目。先由每位学生将自己在学习、生活中的缺点写在一张小纸牌上，再由老师将这些小纸牌反挂在墙壁上，让其他人看不到所写的内容。一个月后，自己认为缺点已改正的同学可以提出申请要求摘牌，经全班同学评议，认为小纸牌上所列举的缺点已改正，就可以在"反光镜"中摘牌；找出缺点并改正缺点最多的同学将会被评为"进步最快的学生"。小纸牌的制作是为了鼓励学生积极进行自我反思评价，找出自身的不足。让小纸牌在教室的墙壁上高高反挂，一方面是为了保护学生的自尊心，另一方面可以让学生时时审视自己的缺点，并在暗地里互相较劲，力争早日改掉那些缺点。

"反光镜"的做法在评价过程中尊重了学生的主体地位，充分体现了以人为本的课改理念，让每位学生都感受到：承认并改正自己的缺点也是一种巨大的进步。

显微镜——彰显学生的个性

学生的成长是一个个性化的过程，每个学生都有自身独特的个性，发展性评价的重要性就在于尊重每个学生的个性。学生个性的发展是有声有色的，只要教师善于察言观色，就能够及时捕捉到学生真实的感受，发现学生真正的问题。为了在评价中充分体现学生的个性，我们使用了"显微镜"。我校将"个案法"引入了学生评价，学校要求每位教师给班上每位学生每年写一封"生日贺信"，在信中要认真对学生的心理素质、实践能力、认知能力进行剖析，写出学生的个性，"生日贺信"最后装入学生的"成长记录档案袋"。下面就摘录一封"生日贺信"：

李广同学：

你是一个非常聪明又很调皮的男孩：在课堂上你常常出人意料地说出惊人妙语，老师不禁为你感到骄傲；你作业本上那端正而又有笔锋的字体让同学们很佩服；你的画画得真不错，我们班的黑板报的布置可辛苦你了；运动场上你奔跑如飞，为班级争得了不少荣誉。老师知道你爱玩好动，并和其他同学经常摩擦出点儿"火花"，这不是什么缺点，也不是什么过错，错的是你在不该玩的时候玩，有时不能宽容别人。多么希望你能和"勤奋"交上朋友，能和同学们和睦相处。你的理想是什么？当一名科学家？艺术家？运动员？把这个秘密告诉老师好吗？要实现自己的理想可要继续努力哟！过去的一年你表现得很优秀，当然也留下了一些小遗憾，可不要把它们带到新的一年哟！

祝你 8 岁生日快乐！过生日别忘了感谢精心养育你的爸爸妈妈，多为他们做一些你力所能及的事情。

你的老师：熊秀莲

教师给学生写"生日贺信"是"师爱"的充分体现，可以不断唤醒、鼓舞、激励学生。这种评价方式真正体现了"以生为本"，体现了人文关怀。

三、　教育评价的内容

教育评价的内容主要指"评什么"。毫无疑问，评价主要是评学生的学习，包括学习的"结果"、学习的"过程"、学习的"条件"或"环境"等，其中的每一个方面都有不同的构成和表现，这就使得选择"评什么"成为一个并不单纯的问题，它还牵涉我们对学生、学生发展和学习目的的认识。下面我们只就评价最重要的指向性问题做一个提示。

（一）综合素质评价

2002 年 12 月，教育部颁发《关于积极推进中小学评价与考试制度改革的通知》，明确指出："中小学评价与考试制度改革的根本目的是更好地提高学生的综合素质和教师的教学水平，为学校实施素质教育提供保障。"并把学生的"综合素质"目标概括为"基础性发展目标"和"学科学习目标"两个方面。其中，"基础性发展目标"又被具体化为六个方面：道德品质、公民素养、学习能力、交流与合作能力、运动与健康、审美与表现。

2013 年 6 月，教育部颁发了《关于推进中小学教育质量综合评价改革的意见》，提出了"基本建立体现素质教育要求、以学生发展为核心、科学多元的中小学教育质量评价制度"的总体目标。

应当说，这两个规范性文件的基本精神是一致的：中小学教育评价改革的着力点，就是建立提高学生综合素质的综合评价制度。

1. 综合素质评价的标准

综合素质评价的核心概念之一是"素质"。"素质"一般指在平日活动中表现出来的一种稳定的内在品质，有的研究者把它视为"心理的结构及其质量水平"，因此，评价素质并不像评价行为那样简单。素质的特点表现为它是内在的、稳定的、建构的、可迁移的，更是综合的和整体性的。"综合素质"正是着眼于后一点：素质是由各种要素构成的综合结构。因此，综合素质评价的对象是每一个学生的个性整体。"综合素质"不是种类素质的"组合""组装"，不是"整体等于部分之和"，而是发现不同素质间的内在联系，使之融合起来，变成个性整体。任何"素质"，只有放到个性整体中去观照才有意义，"割下来的手就不再是手"（黑格尔语）。当然，诚如马克思所言，"没有分析也就没有综合"，正是在这个意义上，我们在建立综合素质评价标准时是从分解入手去构成一个标准体系的。不能忘记的是，素质教育或素质评价所追求的是人的个性发展的独立性与整体性的教育。[①]

"标准"一词，《辞海》解释为"衡量事物的准则"，引申为"榜样与规范"。可见"标准"不仅有衡量之准则的意思，也含有权威性、公认的意味，并且也有可测量的指标的含义。《教育部关于推进中小学教育质量综合评价改革的意见》就给出了一个综合评价指标框架，可为我们建立一个具体的、可评鉴的、行为化和操作化的有机整体的评价指标体系做参照。

2. 综合素质评价的内涵

我国学者李雁冰认为，综合素质评价就是个性发展评价，是真实性、过程性评价，是内部评价。他说，我国方兴未艾的综合素质评价既是一种评价观，又是一种具体评价方式。作为一种评价观，它欣赏教育的内在价值，追求学生的个性发展，倡导交往、对话和意义建构，强调评价的真实性与过程性。作为一种评价方式，它是以教师和学生为评价主体的教育内部评价或校本评价，其基本呈现形态是学生的学习档案袋，它伴随学生学习的全过程，并具有鲜明的个人生活史色彩。

作为一种评价观的综合素质评价，适用于所有的教育评价方式，包括中

---

① 李雁冰. 关于素质教育评价的理论问题 [J]. 教育发展研究，2009（24）.

考、高考、会考、学业水平考试等外部评价。作为一种具体评价方式，它主要适用于校本评价体系的建构。李雁冰特别强调，构建以综合素质评价为核心的教育内部评价体系，走向外部评价的专业化、科学化，让每一个学生的个性发展获得充分保障，使学校教育的个人发展与社会发展两种功能得到统一与融合，是我国教育评价改革的基本方向。[①]

3．综合素质评价的践行

综合素质评价是发展性学习评价最具代表性、最全面系统、最高级形式的评价，就其内容而言，涵盖了发展性学习评价的方方面面，不管发展性学习评价选择哪一方面作为重点或切口，综合素质评价都应当成最重要的依据。

从践行上说，以下几点值得重视：

第一，评价主体多元化。

教师、学生自己、学生家长都是评价的主体，在多主体评价中发挥自我教育、同伴互动、促进反思、引导交流、共同提高的作用。

第二，评价内容综合化。

在平常的教育教学中，教师既要关注学生学习的结果，更要关注他们在学习过程中的变化和发展；既要关注学生学习的水平，更要关注他们在学习活动中表现出来的情感、态度、价值观。从某种意义上说，发生在师生每日交往中的全面化评价及其评价信息的传递，对学生的影响其实远远大于次数有限的考试及分数。

第三，评价形式多样化。

综合性评价的形式多种多样。综合性评价集众多评价方式于一身，不仅重视终结性评价，更注重过程性评价，倡导质性评价，注重各种评价形式相结合。例如，等级评价与语言描述相结合，全程性评价和终结性评价相结合，笔试、口试与实践操作相结合，学生自评、生生互评、师生互评、家长参与相结合。

第四，评价结果反哺化。

---

① 杨向东，崔允漷. 课堂评价：促进学生的学习与发展［M］. 上海：华东师范大学出版社，2012：35—44.

做好评价的反馈，使之成为哺育学生成长的一剂良药，要注意以下几点：一是反馈要及时，及时得到反馈的学生能够从评价结果中得到有效的刺激。二是反馈要具体和有针对性，让学生明白自己表现结果的实然状态和发展目标的应然状态之间的差异，指出其努力与发展的方向。三是反馈的方式要多元，包括书面的与口头的、集体的与个别的、直接的与间接的、课内的与课外的、及时的与事后的。也可根据学生的心理特点，发挥同班群体中的榜样效应，等等。要对其发展状况进行分析，将综合素质报告单作为向家长、学校、校领导汇报的信息材料。此外，教师与其他相关主体的交流对形成有效的反馈机制、发挥评价结果处理的增值效益也至关重要。①

学习链接

表 1-1　中小学教育质量综合评价指标框架（试行）

评价内容	关键指标	指标考查要点	评价主要依据
品德发展水平	行为习惯	学生在文明礼貌、勤俭节约、热爱劳动、爱护环境等方面的认知和表现情况	社会主义核心价值观、义务教育课程方案和相关学科课程标准、普通高中课程方案和相关学科课程标准、《中小学德育工作规程》、《中共中央国务院关于进一步加强和改进未成年人思想道德建设的若干意见》、《中小学生守则》、《小学生日常行为规范（修订）》、《中学生日常行为规范（修订）》、《中小学文明礼仪教育指导纲要》等
	公民素养	学生在珍爱生命、遵纪守法、诚实守信、团结友善、乐于助人等方面的认知和表现情况	
	人格品质	学生在自尊自信、自律自强、尊重他人、乐观向上等方面的认知和表现情况	
	理想信念	学生的爱国情感、民族认同、社会责任、集体意识、人生理想等方面的情况	

---

① 刘辉. 促进学生学习的评价结果处理研究［J］. 当代教育科学，2009（12）.

续　表

评价内容	关键指标	指标考查要点	评价主要依据
学业发展水平	知识技能	学生对各学科课程标准要求的基础知识、基本技能的理解和掌握情况	义务教育课程方案和各学科课程标准、普通高中课程方案和各学科课程标准以及其他相关规范性文件等
	学科思想方法	学生对各学科思想和方法的理解和掌握情况	
	实践能力	学生关注现实生活、参加社会实践和志愿服务活动、解决实际问题、进行职业准备等方面的情况	
	创新意识	学生独立思考、批判质疑、钻研探究，解决问题的思路、方式方法等方面的情况	
身心发展水平	身体形态机能	学生身高、体重、肺活量和身体运动能力等达到《国家学生体质健康标准》要求的情况以及视力状况等	义务教育课程方案和相关学科课程标准、普通高中课程方案和相关学科课程标准、《国家学生体质健康标准》、《国务院办公厅转发教育部等部门关于进一步加强学校体育工作若干意见的通知》、《中小学学生近视眼防控工作方案》、《中小学健康教育指导纲要》、《中小学心理健康教育指导纲要（2012年修
	健康生活方式	学生对健康知识与技能的了解和掌握情况，生活与卫生习惯、参加课外文娱体育活动等方面的情况	
	审美修养	学生在审美情趣和艺术修养等方面的发展情况	
	情绪行为调控	学生对自己情绪的觉察与排解、对行为的自我约束情况，应对和克服学习、生活中遇到的困难的态度和表现情况	
	人际沟通	师生关系、同伴关系、亲子关系等方面的情况	

续　表

评价内容	关键指标	指标考查要点	评价主要依据
兴趣特长养成	好奇心求知欲	学生对某些知识、事物和现象的专注、思考和探求情况	订）》《学校艺术教育工作规程》《教育部办公厅关于在义务教育阶段中小学实施"体育、艺术2＋1项目"的通知》以及其他相关规范性文件等
	爱好特长	学生课余生活的丰富性，在文学、科学、体育、艺术等领域表现出的喜好、付出的努力和表现的结果	
	潜能发展	学生在某些方面表现出的突出素质和进一步发展的能力	
学业负担状况	学习时间	学生上课时间、作业时间、补课时间、睡眠时间等	义务教育课程方案和各学科课程标准、普通高中课程方案和各学科课程标准、《中共中央国务院关于加强青少年体育增强青少年体质的意见》《中小学学生近视眼防控工作方案》《教育部关于当前加强中小学管理规范办学行为的指导意见》以及其他相关规范性文件等
	课业质量	课程教学、作业和考试（测验）的有效程度以及学生的感受和看法	
	课业难度	课程教学、作业和考试（测验）的难易程度以及学生的感受和看法	
	学习压力	学生在学习过程中表现出的快乐、疲倦、焦虑、厌学等状态	

应用说明：这个综合评价指标框架指向学生综合素质，由于它只是关键性和要点式的，在学校和教师使用时，可以依照逐步细化和操作化的原则，在一级、二级指标之下再根据实际需要和重点问题建立更为具体的三级、四级指标。

需要注意的是，按指标层次分为一级、二级、三级等指标时，指标的层次越高，越抽象、越笼统；层次越低，越具体、越明确。评价指标体系的形式有树状式、平铺式和公文式等。从评价准则的角度来说，它有两种形式：概括性问题和指标体系。一般来说，指标体系是概括性问题的具体化、行为化，在使用时可根据条件相互转化。

（二）学业成就评价

重视质量和强调学生学业成就已成为世界范围内学校教育质量评价的核心。在强调学生多元发展、全面发展的同时，国外的学校评价更多地将教育质量定位于学生的学业成就测评上，并通过改革学业成就测评体系更多地关注能力，通过投射学生的情感、态度来反映学生的整体教育质量。可以说，国外的学校评价，特别是教育质量评价是基于一整套学生学业测评体系基础上建立和发展起来的。[1]

1. 学业成就评价的侧重点

前面我们讲到指向"综合素质"的教育质量综合评价，这是一种内容最全面、最深入，也是最复杂的学习评价形式。从实施的角度说，评价内容要求的全面性和评价的可操作性是评价方案中难以克服的一对矛盾。正如丘伯等人所评论的：没有一个指标能包括教育所要实现的所有目标，没有一个行为标准能对所有学校绝对公平。因而，用一长串标准来评估学校是很不实际的，因为我们很快就会发现，即使只对一个标准进行正确分析已是一项繁重的工程了。因此，我们必须将一个标准贯彻始终，即学生的学业成就。[2]

什么是"学业成就"呢？有研究认为，学生学业成就是指个人通过学习、培训所获得的知识、学识和技能。[3] 一般说来，它是现代学校教育的最主要结果，也是教育结果分类中智育的直接体现。国外特别是西方国家对学业成就的强调，反映出其对学校教育目标的重点选择。事实上，国际的教育质量测评主要有两大体系：一是成立于 1959 年，由国际教育成就评价协会（IEA）主持的学业成就测评体系；二是于 2000 年由经济合作与发展组织（OECD）主持的"国际学生评价项目（PISA）"测试体系。两种测评体系都试图在学

---

① 马晓强. 积极推进中小学校教育质量评价改革 [J]. 教育研究，2010（5）.

② 约翰·E. 丘伯，泰力·M. 默. 政治、市场和学校 [M]. 蒋衡，等，译. 北京：教育科学出版社，2003：75.

③ 陈国鹏. 心理测验与常用量表 [M]. 上海：上海科学普及出版社，2005：82.

生学业成就中融入更多的学习情感、态度、能力发展等元素，从而更为科学、全面地反映教育的成果。①

我国学者崔允漷等人指出，学业成就是指学生学习的结果，通过测验和评价衡量出来的学生个体所取得的学习结果就是他们所取得的成就。他提出的"基于标准的学业成就评价"，就界定为"是一个有目的地收集关于学生在达成课程标准的过程中所知和能做的证据的过程"。"我国新一轮基础教育课程改革设定的三大目标领域——知识与技能、过程与方法、情感态度价值观——也正是综合化的学业成就观的体现。"②

2. 基于标准的学业成就评价的特征

基于标准的学生学业成就评价有以下特征：③

其一，评价建立在标准的基础上。先有标准，后有评价，标准决定评价。评价的目标、内容和判断评价结果的标准都源于课程标准，而评价的方法同样取决于课程标准规定的评价目标和评价内容。

其二，评价的设计先于教学设计。评价不再是教学完成之后的活动或者教学活动的终结环节，评价的设计在明确课程标准的要求之后、教学设计之前完成。评价的目标引导教学目标和学习目标的设定。

其三，评价的目的是促进学生的学习。基于标准的评价不是对学生进行评定或比较，目的在于发现学生在达成目标过程中的差距，从而调整教学或向学生提供反馈信息；同时，基于标准的评价能通过让学生明确评价标准促使学生进行自我导向、自我监控的学习。

其四，整合多种类型的评价方式。评价的测试对不同的评价目标和内容具有不同的适应性，评价方式的选择取决于评价的目标和内容。课程标准规定的课程目标是多样的，单一的评价方式不可能适应所有的课程目标，因而整合多种类型的评价方式是必然的。

---

① 崔允漷，王少非，夏雪梅. 基于标准的学生学业成就评价 [M]. 上海：华东师范大学出版社，2008.
② 李润洲，张斌贤. 教育质量的三维解析 [J]. 中国教育学刊. 2013 (7).
③ 李润洲，张斌贤. 教育质量的三维解析 [J]. 中国教育学刊. 2013 (7).

3. 让学生成为更好的学习者

实施学业成就评价常采用一种"让学生成为更好的学习者"的测评方式。这种"让学生成为更好的学习者"的测评，强调以现实的互主体性的人为出发点，这样，在测评上将出现一些新的和根本的变化。

就测评的环境来讲，它是民主的、平等的、开放的，而不是让学生为了避免失败或获取奖赏而进行竞争；就测评目的而言，当然是通过测评来了解学生学习的现状，帮助教师进行诊断以满足学生需要，从而提升学生的学习质量；在测评时机上，是在学习过程中进行，它通常包括设定学习目标、引出学习实据、阐释学生实据、确定学习差距、反馈、修订教学计划、提供协助、补足差距等一系列循环的过程；就测评主体而言，师生互为主体，教师与学生共享教学目标，学生也可以评估自己；就测评的方法来讲，则有纸笔测评、问卷调查、融入日常课堂教学之中等；就测评的标准而言，这些标准是公开的，是基于学业质量标准的测评，学校、教师、学生、家长均可以从中知道学生与标准之间的差距；就测评的结果而言，由于是基于学业质量标准的测评，所以从测评的结果中就可以诊断原因，于是测评的结果也就指向促进教学，也就达到了测评的目的。[①]

（三）思想品德评价

党的十八届三中全会提出，立德树人是教育的根本任务。坚持立德树人反映了社会主义现代化建设新阶段对教育工作的新要求，明确表达了我们党对于教育本质的认识和坚守，是对教育的根本性质和任务的新概括，更好地回答了"培养什么人、怎样培养人"这个根本问题。[②]

我国著名教育学家朱小蔓说："现代学校教育立足于完整生命的塑造和健全人格的培养，道德教育是主宰、凝聚和支撑整个生命成长进而获得幸福人生的决定性因素。倘若缺失了德性的生长，那么人生命的其他部分的发展都

[①]　陈瑞生. 学业测评理论研究的新趋势：凸显育人为本 [J]. 课程·教材·教法，2014 (2).

[②]　翟博. 教育是实现中国梦的力量源泉 [N]. 中国教育报，2013—5—13.

会受到限制。教育中人生命的完整性规定了道德教育的统摄性，居于统摄地位的道德教育必然是通过渗透的方式而非依赖于独立时空的。"① 朱小蔓教授所讲的德育"统摄性"，立足于"道德教育固有的渗透性和全时空性"这一特征。因此，学生的思想品德评价几乎贯串于学生学习全领域、全过程。

1. 思想品德评价的重要意义

思想品德评价就是以德育大纲和德育目标为依据，运用一切可行的方法和技术，系统地收集有关的资料信息，对学生的思想品德诸因素做出事实分析与价值判断，促进学生的发展，为德育决策提供依据。

《中共中央关于全面深化改革若干重大问题的决定》提出："加强社会主义核心价值体系教育，完善中华优秀传统文化教育，形成爱学习、爱劳动、爱祖国活动的有效形式和长效机制，增强学生社会责任感、创新精神、实践能力。"这给新形势下思想品德教育及其评价注入了新的内涵。可以发现，晚近《中小学教育质量综合评价指标框架》中的"品德发展水平"及以下的"关键指标"，已经体现了新的精神。因此，思想品德评价应按照"行为习惯""公民素质""人格品质""理想信念"四个关键指标下的"考查要点"参酌学校实际及具体实践领域，进一步细化并形成量规。

2. 思想品德评价的基本原则

思想品德评价应符合以下的要求：

第一，外显行为评价与道德认识评价相结合。皮亚杰在《儿童的道德判断》一书中指出，他律道德只是儿童道德发展的低级阶段，他们仅仅把规则当作外在的东西去遵守，并没理解其真正含义，真实的道德行为是在道德认识指导下发生的行为。科尔伯格也认为，机械的行为训练实质上是一种"美德袋"方法，学生固然有了一袋子美德教条，但并不意味着他就是一个有道德的人。因此，思想品德评价要把外显行为评价与道德认识评价结合起来。

第二，单项评价与综合评价相结合，以综合评价为主。要把单项评价能

---

① 朱小蔓. 关注心灵成长的教育：道德与情感教育的哲思［M］. 北京：北京师范大学出版社，2012：10.

深入细致、便于纵向比较及自我发现的优势与综合评价能全面真实地反映学生的整体面貌结合起来，以产生互补效应。

第三，定性评价与定量评价相结合，以定性评价为主。学生的思想品德含有许多无法被量化的内隐因素，知行不一、言行不一是常有的事，学生的所思、所说、所为也并不都能被量化，因此把定量评价和定性评价结合起来是非常必要的。[①]

3. 思想品德评价的主要方式

品德评价的方法，主要取决于品德评价的基本原则和准则，取决于品德评价的具体任务。目前，我国中小学生的品德评价方法多数是通过学生对测题的反应和行为表现，运用分析、判断、推测以及数量化的技术方法，来测量并评价学生思想品德状况。从国外品德测评的研究来看，主要有三种范式：实验范式——情境测试的应用研究；量化范式——问卷和量表的开发；整合范式——《价值—行为特征量表》的开发及运用。[②]

归纳我国行之有效的经验，思想品德评价的方法主要有：行为观察法（包括自然观察、实验观察、情境观察等），调查评价法（包括问卷调查、访谈调查、文献调查等），表现评价法（包括各种情境中的评定量表与检核表等），这些方法我们都将在后面介绍。

（四）学业性非智力因素评价

自课程改革提出"知识与技能""过程与方法""情感态度与价值观"的"三维目标"以来，学生的非智力品质发展受到广泛关注。由于"情感态度与价值观"多与学生的思想品行相关，因此，思想品德评价必然涉及此项目标。就学生学习而言，有些与学业成就联系紧密的非智力因素在学习评价中并未受到重视，而这恰好是一个极应开拓的领域。

---

① 胡中锋. 教育评价学 [M]. 北京：中国人民大学出版社，2008：284—285.

② 李晓华，崔世杰. 国外品德测评的三种范式及其启示 [J]. 教育测量与评价（理论版），2012 (1).

1. 学业性非智力因素的意义

非智力因素是指认知领域以外的、对智力活动有辅助作用的意向活动的因素，包括态度、情感、意志、动机等。国际教育质量监测领域对于非智力因素的认识和重视程度是日益深化的。1995 年，国际数学与科学趋势调查项目 TIMSS 首次引入兴趣和自信心的监测，国际学生评估项目 PISA 2009 的结果报告中进一步把态度和动机作为衡量教育质量的一个重要指标而不只是将其看作学习成绩的影响因素。2011 年，在联合国教科文组织的基础教育质量监测/评估/诊断框架中，非智力因素与认知因素共同构成其两大核心内容。同时，TIMSS 的监测结果显示：数学成就最高的亚洲学生，对数学学习的积极性最低；在不喜欢数学的学生群体中，亚洲学生的百分比最高。PISA 的结果表明，虽然上海学生在阅读、数学和科学三个领域的成绩都是第一，但在态度与动机方面，上海学生的自我调节学习能力低于 OECD 的平均水平。由此可见，在国际比较中，中国学生教育质量评估的"短板"是非智力因素，非智力因素作为教育质量监测的重要指标并没有引起应有的重视。

2. 学业性非智力因素的构成

学业性非智力因素是学生学习素养的重要组成部分，除了学习的认知成分（包括观察力、记忆力、想象力、思维力和注意力等）属于智力的范畴，其他诸如学习的情感成分、意志成分和动力成分等均属于学生的学业性非智力因素。

具体来看，学业情感成分主要是指学生的学习兴趣，包括直接兴趣（学习愉悦感和学习求知欲）和间接兴趣（学习价值感）；学习意志成分主要指学生的意志力，包括学习坚韧性、自觉性、自制力和果断性；学习动机成分主要从对自身学习能力的判断来看，包括学生的学业自我概念和自我效能感，另外，学习焦虑作为自信心不足的表现也属于该成分。

3. 学业性非智力因素的评价

根据学业性非智力因素的成分，可以建立一个评价指标的框架，如表 1-2所示。

表 1 - 2　学业性非智力因素评价指标框架①

成分	维度	指标	界说
学业情感成分	学习兴趣	学习愉悦感	学生在学习时积极的主观感受
		学习求知欲	学生在学习时积极探求新知识的一种欲望
		学习价值感	学生在学习时对学习的必要性和重要性所具有的充分认识
学习意志成分	学习意志力	学习坚韧性	学生坚持不懈地克服学习上的各种困难，决定贯彻始终的意志品质
		学习自觉性	个体能够深刻认识学习目的的正确性和重要性，并主动地支配自己行动使之符合该目的的意志品质
		学习自制力	学生在学习中能抵制外部诱惑，克制不良情绪，控制和调节自己言行的意志品质
		学习果断性	学生在学习中，明辨是非、迅速而合理地做出决定并能立即采取行动的意志品质
学习动机成分	学习自信心	学业自我概念	学生对自身智力和学习能力的感知、态度、情感的整合，是个体关于自己一般学业功能的自我信念和自我情感的混合体
		学业效能感	学生在指定的水平上能否成功完成给定学习任务的信念
		学习焦虑	学生觉得自己的行为不能控制学习结果的一种状态和感受，是学生对负性事件的过度反应

从以上指标框架可以看出，学业性非智力因素的评价以采用表现性评价和档案袋评价法为宜，一般通过行为观察、问卷调查与访谈、样本分析（作品、作业、日志等）、个案研究等具体方法，运用量表等工具，可做出相应的评定。

---

① 张娜. 学业性非智力因素监测的理论与实践探索 [J]. 教育测量与评价（理论版），2012（6）.

四、 教育评价的类型

教育评价具有导向、鉴定、改进、调控和服务等多种功能，相应地也有各种类型和模型的划分，这里只就评价在学生学习中发挥的主要功用，做一个简要的介绍。

（一）为有效学习提供参照的评价

1. 目标参照评价

目标参照评价，也有人称之为"绝对评价"，是将评价的基准建立在被评价对象的群体或集合之外，预先制定一个标准（清楚地描述被评价者应达到的能力水平），评价时将被评价者与这个客观标准进行比较，描述其达到标准的程度，做出价值判断。

目标参照评价所关心的是学生是否达到目标以及达到的程度，它是以达到目标的形式把评价内容表现出来的。目标参照评价依据已确定的学习目标（如课程标准规定的要求）对学生学习进行评价，有利于获得学生距离学习目标的信息，便于从学习结果中揭示有积极意义的做法或存在的问题，提出改进建议。但由于目前我国课程标准中的"内容标准"和"表现标准"不尽具体明确，这种评价有一定难度，表现出某些"主观性"。

事例点击

依据标准确定等级

某低年级语文教师参照《语文课程标准》中"阶段目标"规定的识字与写字量（第一学段的学生要"认识常用汉字 1600—1800 个，其中 800—1000 个会写"）确定了以下等级：能认识常用汉字 1500—1800 个，其中会写

700—1000 个的学生为"优"；能认识常用汉字 1300—1500 个，其中会写 600—700 个的学生为"良"；能认识常用汉字 1000—1300 个，其中会写 400—600 个的学生为"中"；能认识常用汉字 1000 个以下，其中会写 400 个以下的学生为"差"。

目标参照评价对于学生活动的目标及程度都有详细的界定，它可以"根据教育目标本身的达成程度掌握学生的现状"，"只要能恰当地进行这种评价，就能获得直到现时为止的教育作用和成果的信息，为确定今后如何进行教育提供有用的资料"。可以说，目标参照评价标准制定得越明确、越具体、操作性越强，实用性也就越强。

2. 常模参照评价

常模参照评价又被称为"相对性评价"，是将评价的基准（常模）建立在被评价对象的群体或集合之中，评价时把各个对象逐一与基准（常模）进行比较，来判断群体中每一个成员的相对优劣，做出价值判断。

常模参照评价所关心的是学生个体在群体中的位置，它是以达到群体平均水平的形式把评价内容表现出来的。例如，对学习成绩的评定通常是以群体的平均水平为基准，以个人成绩在这个群体中所处的位置来判断。因此，并不能测出学生距离目标的水准，"优者未必优，劣者未必劣"；当然，它有利于实现选拔、甄别、竞赛等目的。

事例点击

"优秀生"的确定

某班学生参加一项数学考试，全班平均成绩为 80 分，某学生的分数是 90 分，那么就可以说这个学生的数学成绩在其所在班中属中等偏上，因为他的成绩超过了全班的平均水平（80 分）。如果知道这个班所有学生分数的标准差为 5，那么就很容易确定该学生的分数超过平均数 2 个标准差 [（90－80）÷5＝2]，这个学生属于极端优秀的学生。

3. 自我参照评价

自我参照评价又被称为"自我差异评价"，是指学生以自己已有的知识、技能、情感等为参照，用发展的眼光来进行自我评价的一种新意识、新理念，是教育评价的必然回归。

自我参照评价既不是在被评价群体之内确定基准，也不是在被评价群体之外确定基准，而是把自我的过去和现在进行比较，或者是对自己的若干侧面进行比较。学生可以把自己的各科学习情况做横向比较，以此了解自己在内容相关程度高的学科中的学习情况，还可以经常把自己的学习成绩和智力相比较，以此了解自己的努力程度。这样有利于调动学生的学习积极性，挖掘其学习潜力。

自我参照评价最大的优点是充分体现了尊重个体差异的因材施教原则，并适当地减轻了被评价对象的压力。但由于被评价者不与他人相比较，这就难以找出自己真正的差距，而且个体内具体的判断往往不容易选择。

事例点击

表 1-3　一位小学生的自我参照评价案例①

我的支点	壮壮胆，提提神，举举手，让自己在课堂上成为活泼的小精灵！				
自我超越	被动发言	主动举手	上台表现	参与讨论	赞赏别人
	3次	5次	1次	积极	2次
阶段反思（第一阶段）	最得意：当我第一次发言时，全班竟响起了热烈的掌声！		最遗憾：上台发言，仍很害怕，不够大方	下一阶段目标：敢于上台表现，把字写工整	
自我激励	我的双眸晶莹如星辰，我的心胸宽广似海洋。爸爸、妈妈请为我喝彩，老师、同学请为我加油！因为，我自强不息；因为，我正不断超越自己；因为，我永远铭记，我有个闪亮的名字——林若现！				

---

① 陈小菊. 给自己一个支点，超越自己："个体内差异评价策略" 探微 [J]. 福建教育，2005 (7A).

大　家　评	第一次发言时，发现你的手在颤抖，而现在你是全班发言最积极的一个。恭喜你，以 A 级通过验收！——验收员 胆小的你已成过去，你已经超越了自己，祝你下一支点仍能成功超越！——陈老师 孩子，你好像变了个人似的，是那样充满自信。我为你骄傲！——爸爸

从上例可以看出，通过自我参照，变横向比较为纵向比较，学生找到了进步的支点；在一次次的自我超越中进行自我反思、自我激励，让学生体验到了更多的成功，使学生敢于接受挑战，战胜困难，提高了自我效能。这种评价，尊重个性特点，照顾个体差异，通过对个体内部的各个阶段或各个方面进行纵横比较，判断其学习的现状和趋势。

（二）为指导学习收集信息的评价

1. 诊断性评价

诊断性评价一般是在某项学习活动开展之前（也可能在学习过程中），对学生的知识、技能、智力和体力等状况进行摸底测试，以便了解学生的实际水平和准备状况，判断其是否具有实现新教学目标所必需的基本条件，为教学决策和指导学习提供依据，使教学活动适合学生的需要和背景。

诊断性评价最大的优点就是教师能够对自己的教育对象做到心中有数，对学生的已有知识、道德情感、性格特点等都有所了解，以便于在下一步的教学活动中抓住有利的时机，有针对性地、及时准确地对学生的学习行为做出评价，从而收到较为理想的教学效果。

事例点击

张老师的"忧"与"喜"①

张老师是新来的教师，这学期学校安排他教初二的数学课。在简单了解

---

① 李玉芳. 多彩的学生评价 [M]. 北京：教育科学出版社，2009：25.

了班里情况之后，张老师很快投入到备课、上课的紧张工作中。然而，不久他就发现，他的课出了问题：上课提问无人回答，学生作业错误百出。张老师陷入了深深的烦恼中，该讲的自己都讲了，重点、难点也反复强调过了，教学方法也没什么不得当，可教学效果就是不好。一番思索之后，张老师突然意识到，不了解每个学生的学习情况，只是想当然地备课、上课，自己这是犯了无的放矢的错误。接下来，张老师马上组织了一次数学测验。不测不知道，一测吓一跳，自己讲过的知识，学生掌握的很少。再仔细分析，问题出在不少学生对初一学习的知识就没有完全理解和掌握上，所以影响了现在的学习。发现了这个情况后，张老师既惊又喜——惊的是原来班里学生的情况和自己想象的完全不一样，上初二了，初一的知识还没掌握；喜的是幸亏发现得早。针对班里学生学习的情况，张老师及时调整了教学计划，改变了教学策略，扩充了教学内容，通过查缺补漏，适时补充了初一应掌握的知识。一段时间之后，张老师发现，课上自愿回答问题的人多了，学生作业中的错误也减少了很多，数学课的整体效果有了很大改观。

在诊断了学生的学习情况之后，张老师设计出了满足学生起点水平和不同学习风格的教学目标与方案，并将学生置于有益的教学程序中，使课堂教学达到了预期目标。

2. 形成性评价

形成性评价是指在教与学活动进行过程中评价活动本身的效果，用以调节活动过程，保证学习目标实现而进行的价值判断。它的目的不是预测，也不是评定成绩，而是了解学习过程中的情况，以便及时调整学生学习的状态。比如在具体的教学过程中，形成性评价就是为了测定评价对象对某一具体教学内容的掌握程度，并指出其还没有掌握的那部分任务或者其在学习过程中存在的问题和不足，其目的不是给学生评定成绩或做学业的证明，而是既帮助学生也帮助教师把注意力集中到要达到的掌握知识的程度上。当然，在教学过程中，教师可以对学生进行形成性评价，教师也可以对自己的整个教学工作进行形成性评价，以促进教师教学水平的提高。通过形成性评价，教师能及时了解阶段教学的结果和学习者学习的进展情况、存在的问题等，以便及时反馈、及时调整和改进教学工作，从而获得最优化的教学效果。

"精彩"是怎么形成的①

——习作"二次指导"

师：请看庄琪同学的习作片段，哪儿不够具体，大家给她提个建议。

（老师投影出示习作片段：那是四年级下学期的期末考试后，老师没有公布考试成绩，说在下午的家长会上公布。午饭后，妈妈去开家长会了，可我心里总是忐忑不安，一会儿想到这一会儿想到那。直到5点钟，妈妈才回来。她板着脸问我："知道你考了多少分吗？"我说不知道，她掏出试卷，说："你自己看看吧！"我打开试卷一看：语文99分，数学100分！我笑了，妈妈也笑了。原来，妈妈是在逗我呢。）

生："一会儿想到这一会儿想到那"，究竟想了些什么，应该具体写出来，比如担心考不好会被妈妈打骂等。

师：庄琪同学，你当时是怎么想的，能说一说吗？

庄琪：（想了想）当时，我想，妈妈和爸爸对我的期望这么高，要是考不好，他们就会联手惩罚我。我越想越害怕，不知道自己该做什么。把邻居家的小朋友请来我家玩，可我仍不安心，还老想着考试成绩。

师：把这些补充进去，文章就具体了，也表达了你当时的真实感受。

生：还有，妈妈回到家板着脸，那时你心里是怎么想的？

庄琪：我想，这次肯定没考好，等着挨揍吧。当妈妈问我考了多少分时，我不知所措，眼泪都快流出来了，不但说话声音很小，还结结巴巴的。

师：你说得很好，这些也应该写进去。还有哪儿需要修改？

生：当她看到分数，知道妈妈是在逗她，她是怎么说的、怎么做的，也应该写出来。

庄琪：我当时只是笑，既没有说什么，也没有做什么。

师：既然没有说什么也没有做什么，那就不写，这样才真实。

---

① 张珠飞. 习作"二次指导"应追求怎样的精彩 [J]. 小学教学（语文版），2009（1）.

首先，经过教师和同学们的精彩指点，再加上庄琪同学亲历揣摩、比较、选择的修改实践，让学生真切悟出了习作修改的真谛，习作能力得到了实实在在的训练和提高。其次，整个修改过程充分尊重了学生自身的独特感受，教师没有越俎代庖，也没有诱导学生生编硬造，不仅改进了学生的学习，更培养了学生的健全人格。

3. 终结性评价

终结性评价也被称为总结性评价，是指在某项学习活动告一段落时，对最终成果做出价值判断。也就是以预先设定的学习目标为基础，对评价对象达成目标的程度，即最终取得的成就或成绩进行评价，为各级决策人员以及学习者提供参考依据。

就学习目标而言，终结性评价是指在一门学科的重要部分或整个教学结束时，对学生的学习效果和成绩所进行的全面评价。它与形成性评价的区别在于：

第一，形成性评价在教与学过程中进行，是经常性的；终结性评价是在整个教与学或其中重要部分结束时才进行，如在某一阶段或期中、期末进行。

第二，形成性评价的主要目的不是为学生提供证明，而是致力于引导学生掌握他所必须具备的知识，并试图发现学生错误的起因，从而采取因人施教的补救措施；而终结性评价的主要目的是评定学生成绩，为学生具有某种能力或资格做证明。

第三，形成性评价的内容一般限制在一个教学单元的范围内；而终结性评价内容涵盖一门学科，对学生能力的概括水平高于形成性评价。

以上三种评价在实际评价工作中是相互联系和相互渗透的，比如，诊断性评价一般是一种工作初始时的准备性评价，而实际上由于任何一项工作都是连续性的，阶段的划分也是相对的，无论是形成性评价还是终结性评价，都带有诊断的性质。而由于评价的根本目的是促进学习、促进发展，所以任何评价都带有形成性的性质。没有诊断性评价，就不是真正科学的评价，它只能是一种主观臆测；而没有形成性评价，也就必然失去其评价的意义。

事例点击

一次终结性测试后教师对严重偏科学生马超的评语

121 分的数学与 56 分的英语说明了什么？这是聪慧与肤浅的对比，这是实干与偷懒的反差。瘸着腿走路能好受吗?! 相信老实、本分、聪明的你加上机智、灵活与勤奋，会有惊人表现的……

从性格上讲，你无可挑剔——团结同学、尊敬师长、谨小慎微。我只是纳闷儿，为什么一个那么聪明的学生，成绩却总是徘徊不前呢？你数学特好，请解下列方程：成绩＝智商×勤奋；已知：你的智商较高，成绩较差；求：你的勤奋？

聪明一旦让懒惰占有，就像钢铁一样层层生锈；本来可以做栋梁支柱，最后却变成了废渣污垢。"三国"里的马超是五虎上将；"二·七"班的马超可别变成……亡羊补牢，犹未为晚；立志进取，永不为迟。发奋吧！

一则蕴藉真情、切中肯綮又恰到好处的评语，是滋润学生心田的春雨，也是指引学生前进的航向灯，又是激发学生前进的原动力。相信这样的"分数＋评语"，足以让学生进行深刻反思。

（三）为推进学习增强内趋力的评价

1. 增值性评价

增值性评价是一种指向学习结果的评价，不过它并非只关注当下学业考查的分数，而更关注学习的原有起点和进步的幅度。有的学者把它称为"增值性的绩效评价"。"增值性评价是国际上 20 世纪 90 年代以后兴起的，现在用得非常广泛，英国、美国等很多国家都在用。增值性评价就是评价一所学校或一个学生动态的进步程度，看进校时候学生的水平，及过一段时间学生提高了多少，用这个来算，然后再分析学生的家庭背景、社会环境、教师条件、设备条件，合起来综合评价。"①

可以说，增值性评价是通过对学生过去的学习情况与现在学习情况的纵向对比，肯定学生某方面的积极变化，激发学生的学习效能感和成就动机，不断提高他们的抱负水平，通过"自我"的情感推动和意志努力，实现学习绩效的逐步增值。这种评价，尊重个性特点，照顾个体差异，通过对个体内部的各个阶段或各个方面进行纵横比较，判断其学习的现状和趋势。

与现有的以升学率、优秀率等指标为依据的学校评价体系相比，增值性评价具有以下三个特点：第一，将学生的进步和变化作为评价的核心。增值性评价强调学校教育质量的高低不在于有多少学生升学，而在于让每一个学生都体验成功的快乐。第二，它是面向全体学生的，每一个学生的增值情况累计为学校的增值结果。增值评价着眼于让每一个学生得到充分的发展。发展不仅是指学习成绩的提高，还包括学生身心健康在内的全面发展。第三，实现对学校教育教学管理水平的真实评价。增值性评价以每个个体的进步和发展作为依据，着眼于考查学校对学生发展的引导和辅助提升能力。②

2. 差异性评价

差异性评价是以承认和尊重学生个体差异为前提，以促进学生的个性化发展为目的，对学生个体的学习进程及其身心变化进行有差异的评价，即"不用一把尺子衡量学生"，重视、保护、厚待并因势利导地促进他们个性化的学习与发展。从差异出发，是指学生原有的个体差异是评价活动的起点或基础，一切有效的评价都必须充分尊重学生原有的个体差异。它强调即时、即地、即情、即景对学生进行评价。

差异性评价，不仅要评价学生在认知水平和原有学习基础上存在的差异，还要评价学生在心理特征、兴趣爱好等各方面的差异，另外，还要评价学生所付出的努力，使学生能够体验到自己的进步，获得成就感，增强自信心。

3. 鉴赏性评价

鉴赏性评价是艾斯纳的一种评价指导思想，他认为教育现象十分复杂，

---

① 成都市教育局. 文翁大讲堂：成都教育发展的对话与思考（第一辑）[M]. 上海：上海教育出版社，2013：210.

② 一帆. 增值评价 [J]. 教育测量与评价（理论版），2013 (11).

如果在教育评价中仅用"科学"方法将教育现象还原为一堆数字，把凡是不易量化的都抛弃掉，不去搜集影响结果的条件、过程和互动因素，对学习就不会有多大帮助。因此，艾斯纳主张，要采取"科学"以外的方法，注重那些不易测量的品质，关注那些不易量化的内容，来对教育现象进行评价。他认为，在教育评价中应借鉴评酒员和艺术鉴赏家凭自己的经验对一种酒或一件艺术作品进行整体评价的方法。艾斯纳把美学鉴赏的方法引入评价领域，要求用一种类似于美学鉴赏的态度和方法看待评定问题，强调观念之间的联系和整体背景。[①]

鉴赏性评价在具体操作上比较灵活，更多地表现为评价者个人依据自身对教育的认识和在教育方面的修养，对教育现象进行观察和专业的评价。从整体上了解教育现象，从具体事实中得出对具体的教育现象的总体看法。这种方法所倡导的"从整体上认识教育现象，对教育现象不能只是将其简单地化为数字，而应全面地、具体地考察和评价"，对我们研究教育现象是有启发的。

除了以上的类型，还有其他一些分类方法。我们常遇到的是"为监测学习质量实施的评价"，如教育部门组织的统测、学校进行的统考、学科教师自定的自查等。

---

① 李雁冰. 重塑教育评定：艾斯纳的课程评价观初探 [J]. 外国教育资料，2000 (1).

第二章

教育评价有哪些应用最广的方法

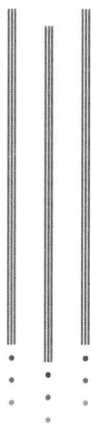

以往的学习评价方法和形式比较单一，较多地倚重纸笔测验，远远不能满足考核学生多方面发展水平的需要。实际上，没有哪一种评价方法能够将学生的学习进步和个性发展都考查出来。

　　学习评价方法是达到评价目标、实现评价功能的一种手段。以往的学习评价方法和形式比较单一，较多地倚重纸笔测验，远远不能满足考核学生多方面发展水平的需要。实际上，没有哪一种评价方法能够将学生的学习进步和个性发展都考查出来。因此，学习评价方法必然走向多元化。

一、　教育评价方法概述

　　评价方法包括收集评价信息的方法和处理评价信息的方法。收集评价信息是最基础的方法，离开了资料，描述与判断都将成为无源之水和无本之木。当然，在此基础上还要对搜集到的评价信息进行处理，如审核、整理、分类、汇总和分析。我们在这里着重介绍收集评价信息的方法。

（一）量化评价法和质性评价法

　　量化评价和质性评价是教育评价的两种基本范式。

　　量化评价法可以定义为通过将评价内容化为可以量化的数据，经过测量这些相关数据，并以量化统计方法来分析结果数据，最终达到评价目的的一种方法。主要包括测验法、问卷法、实验法等。为了满足现代评价发展的新需要，还有许多新的量化方法正在出现。

　　质性评价是相对量化评价而言的。质性评价是指以人文主义为认识论基础，通过文字、图片等描述性手段，对评价对象的各种特质进行全面、充分的揭示，以彰显其中的意义，促进理解的教育评价活动。质性评价主要包括档案袋评价、表现性评价、真实性评价和苏格拉底研讨评定法等。

　　在学习评价中，量化方法和质性方法并不能完全分开和割裂，必须根据评价的目的、内容和情境综合地运用。

（二）评价的基本方法述要

学习评价的基本方法包括测验法、观察法、调查法和文献法等。

1. 测验法

测验法是指用各种测量工具（教育、心理测验或其他量表）测定被评价对象的某些重要特性，从而收集到有关评价信息的方法。

在日常生活中，人们常把经常进行的、覆盖面较小的考核称为测验，而把重要的、全面的考核称为考试。在教育评价中，测验比考试的涵盖面更广些。考试一般用于测量学生的学业成就，且与学校教育制度（如毕业、升学等）有密切的联系；而测验既可用来测量学生的学业成就，还可以测量学生的智力、人格、品德等。

根据不同的分类标准，测验可分为不同的类型：按所测量的属性，测验可分为智力测验、能力倾向测验、教育成就（成绩）测验和人格测验等。按测试或回答的方式分类，测验可分为书面测验、非书面测验（口试或操作测验）。按编制的规范性分类，测验可分为标准化测验和教师自编测验。按施测的人数分类，测验可分为个别测验和团体测验。

无论什么类型和形式的测验，为了保证其质量，都要考查测验的信度、效度、难度、区分度等属性。

2. 观察法

观察法是对被评价对象在自然状态下的特定行为表现进行观察、考察、分析而获得第一手事实材料的方法。观察法适用于了解被评价对象的行为、动作技能、情感反应、人际关系、态度、兴趣、个性、活动情况等。观察法可采用轶事记录、行为描写、检核表、评定量表等方式记录观察结果。

观察法可按事先是否确定具体观察项目和记录要求，分成"有结构观察"和"无结构观察"。

根据观察者是否直接参与被评价者所从事的活动，观察法也可分为"参与性观察"（局内观察）和"非参与性观察"（局外观察）。

按观察的内容范围大小划分，观察法可分为完全观察和取样观察（包括时间取样和活动、事件取样）。

实施观察法主要包括三方面的工作：一是观察设计，包括确定观察的对象和内容、选择观察的方式和工具、培训观察员等。二是观察记录。观察的结果常以一定的方式记录下来。记录要力求真实，并标明时间、地点、事件发生的条件等。记录的方式主要有对行为或事件的描述和按记录表记录两种。三是观察资料整理。观察后，观察者应当及时整理和补正记录，如发现遗漏或记录有误时，应尽可能凭借记忆或参考其他观察者的记录进行补充、修正。

事例点击

表 2 - 1 数学课学生课堂行为观察表[①]

学生姓名＿＿＿＿＿＿＿＿＿＿＿＿

项目	观察目标	好	较好	一般	再努力
学生的学习情感与态度	1. 对数学有学习的愿望、兴趣和自信心				
	2. 有认真学习的态度和勤奋刻苦的精神				
	3. 能努力克服数学活动中遇到的困难				
	4. 有良好的学习习惯				
学生的参与状态	5. 认真积极地全程参与学习				
	6. 听课认真，倾听能全神贯注，注意力集中				
	7. 积极投入思考并踊跃发言，提出问题并询问				
	8. 认真完成课堂练习及作业				
学生的合作交往状态	9. 积极参与讨论与交流，认真倾听别人的观点				
	10. 接受别人的意见和建议，积极表达自己的见解				
	11. 能解决交往中发生的分歧				
	12. 能综合运用各种交流和沟通的方法进行合作				
	13. 有合作意识和团队意识				

---

① 高枝国. 小学数学考试与期末综合素质评价的探索与实施 [J]. 黑龙江教育（小学版），2004 (11).

续　表

项目	观察目标	好	较好	一般	再努力
学生的思维状态	14. 思维敏捷，观察、思考有条理，语言流畅				
	15. 有独立思考能力、质疑探究能力和想象能力				
	16. 发表的观点具有创新性、挑战性、独特性				
	17. 有一定的推理、判断、归纳和迁移能力				
学生解决问题时的生成状态	18. 解决问题的过程清楚，有计划				
	19. 善于用不同的方法解决数学问题				
	20. 运用多学科知识解决数学问题				
	21. 把学到的数学知识与生活联系				

3. 调查法

　　教育调查是调查者通过访谈、问卷、测验、座谈等方式，有目的、有计划、系统地搜集有关问题或现状的资料，从而获得关于教育现象等科学事实，并形成关于教育现象的科学认识的一种研究方法。这种研究方法作为获取资料的便捷手段，在校本研究中经常用到，它的独特优势在于不受时间、空间限制，研究是在不干预研究对象的自然状态下进行的，而且研究手段多种多样。

　　调查法除了可以按照调查对象的范围分为普遍调查、抽样调查、个案调查、偶遇调查和专家调查以外，还可以按照其搜集资料的方式和工具分为访谈调查、问卷调查、报表调查以及观察和测量调查。

　　访谈式评价是指通过教师与学生面对面的交谈互动，了解学生个人背景、活动、阅读、兴趣、想法、情感态度、解决问题的思考过程等问题，从而对学生的学习做出比较合理而科学的评价。它对学生的学习评价更具全面性、真实性和亲和性。访谈式调查可以是封闭型的，也可以是开放型和半开放型的。与访谈式评价相近的还有一种被称为"苏格拉底式"研讨式评价的方法，着眼于通过对话检验看法与理解的正确与否。

　　问卷式调查和调查表调查都是采用书面形式搜集材料的一种调查技术，二者的区别在于问卷偏重于意见、态度的征询，而调查表则偏重于事实及数字的搜集。问卷式调查是以精心设计的书面调查项目或问题向被评价对象收集信息的方法，这种方法既可以用来了解被评价对象的态度、动机、兴趣、观点等主观情况，也可以用来获取客观信息。问卷法的实施需要做好设计问卷的类型与项目、选取调查对象、发放和回收问卷、进行问卷结果处理等工作。

4. 文献法

文献法是依靠收集和分析记载被评价对象情况的现成资料（文件、档案等）而获得所需信息的方法。与上述其他收集信息的方法不同，文献法使调查者与被调查者在时空上完全隔离开来，不会产生相互作用，因而是一种相对隐蔽的收集信息的方法。文献可以是书面文献、音像文献、实物文献，可以是政府、机构、组织、团队的文件与档案，也可以是社会研究文献。就学习评价来说，更重要的是学习者的个人材料，如工作计划、总结、自我鉴定等。

（三）基础评价方法的运用

对被评价对象进行描述和判断是以详尽信息为基础的，评价者要获得真实而可靠的信息，必须能够熟练地掌握收集各种类型信息的方法。以上简单介绍的常用收集评价资料的方法各具特点，要注意其适用性。

测验法是通过测试题目来收集有关资料；问卷法和访谈法是通过被评价对象自我报告的方式搜集资料；观察法是评价者通过感官搜集资料；文献法是对现有的文献进行调查。一般来说，测验法和问卷法比较适用于调查对象较多的场合，了解面上的情况，所获得的信息比较容易进行量化处理；访谈法与观察法则比较适用于调查规模较小的场合，了解点上的情况，所获得的信息主要用来进行定性分析；文献法没有时空的限制，可扩大视野，对所获得的信息可进行定性分析，也可做定量分析。

测验法和问卷法的效果主要取决于调查工具编制的质量；而访谈法和观察法的效果主要取决于评价者实施调查的技巧；文献法的效果则主要取决于评价者筛选、分析文献资料的水平。各种收集资料的方法各有所长，评价者应当根据评价所需的信息，选用适当的方法或结合使用多种方法，使评价的结论建立在可靠的基础之上。

二、 考试类评价

考试是测验评价最重要的形式。中小学的考试是通过编制一套具备一定数量和一定质量的试题，对学生的学业发展水平做出判断的教学活动。考试是我国中小学常用的一种学生评价方法。一般来说，考试法有利于对学生知识掌握情况进行评价，而不利于评价学生的实践技能、学习过程和方法以及情感、态度、价值观等非智力性因素，注重的是对学生学习结果的评价，忽视过程评价。但是，考试法也有其独特的优势，如操作简单、易于实施，能同时对多个人进行评价，比较经济，整个评价过程和结果也比较客观，等等。

（一）考试的不同类型

考试作为学生评价的一种工具，种类繁多，根据不同的标准可以分为不同的类型。

按考试的标准化程度来分，可分为标准化考试和非标准化考试。标准化考试：指在试题的编制、实施、计分以及考试分数的解释等方面都有严格程序的测验。非标准化考试：是指在编制、实施、计分以及分数的解释等方面科学程度、严密性不够高的测验。

按评价的参照标准来分，可分为常模参照考试和标准参照考试。常模参照考试：指参照某一常模群体的水平来解释分数的考试，即通过把个人的成绩与常模进行比较，对被测者的发展水平进行价值判断。参照常模解释分数，便于个体间的比较和选拔，属于相对评价的范畴。标准参照考试：指依据某种特定的操作标准来衡量考试结果的考试，主要目的在于鉴定被试者是否达到规定标准，属于绝对评价的范畴。如毕业考试、等级考试都属于标准参照考试。

按试题的标准来分，可分为客观性考试和主观性考试。客观性考试：是指考试题目需要被试者准确无误地再现固定知识的一类考试，如填空题、判断题等都属于客观性考试。主观性考试：是指被试者可以自由组织答案的考试，评价者一方面按照评价标准，一方面根据其主观判断来对其进行评价，如论述题、作文题、材料分析等都属于主观性考试。

按施测方式来分，可分为笔试、机试、口试。笔试：是指用纸和笔来进行答题的考试。笔试是我国中小学生评价中用得最多的一种考试方式。机试：机试即通过计算机进行考试，它的基本形式是由计算机从题库中随机出题，考生的题目可能各不相同，由计算机当场给出成绩或将学生做题答案保存后再由评卷员给出成绩。口试：就是由教师事先准备好若干题目，让学生通过口头叙述的方式面向主考教师作答的考试形式。

按施测要求来分，可分为闭卷考试和开卷考试。闭卷考试：要求学生不借助任何外在辅助工具，在规定时间内独立完成测验试题的考试形式。开卷考试：允许学生在考试时借助教科书、读书笔记、相关参考资料及工具书等独立完成测验题目的考试形式。

不同的考试形式适用于不同的评价需要和学习情境。采用何种评价形式，需要根据课程性质、学生年龄、学校条件等各方面的具体情况来决定。

（二）考试的实施步骤

为了保证考试质量，要有的放矢地实施考试，要围绕考试做好一系列的准备工作。如果是教师自编的纸笔测验，要重点抓好"明确考试目的""编拟双向细目表""编制与评阅试卷"等环节。

第一，明确考试目的。

即按照课程标准规定的内容目标，决定在学习的什么阶段、什么时间、举行什么性质（诊断性、形成性还是终结性）的考试以及需要通过考试对学生学习起到什么作用。

第二，编拟双向细目表

双向细目表实际上是根据考试目标和考试范围对命题框架的抽样，具体以考查目标（知识、能力）和考查内容之间的列表呈现。双向细目表包括两个维度，一个是要考查的目标，另一个是要考查的内容要点。一般来说，表的纵向列出要测内容的要点，横向列出要考查的目标，在考查目标和考查内容的交汇处列出的是考查内容和考查目标所占的比例。

双向细目表不但有利于保证测验题目有较宽的覆盖面（想要考的内容漏不了），还可以避免同一内容在不同题型中重复出现，从而保证了考试有较好的内容效度。此外，对教师而言，双向细目表有助于教师引领学生更有针对性和侧重点地进行复习。

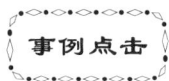

事例点击

两个可供参考的双向细目表

表 2-2　小学语文中年段纸笔测验组卷双向细目表[①]

Q（权重）　　　　N（语文能力层级水平） F（命题的内容范围）			识记	领会	运用	分析	综合	评价	合计
积累运用	读准字音	给带点的字选择正确读音	3						35
	识记字形	读拼音，写汉字	6						
		查字典			4				
	积累词语	形近字组词，理解词义		3		4			
		按要求写词语			5				
	背诵课文	课文、古诗默写，理解课文填空	4				6		
阅读理解	整体感知	给句子加标点，给句子排序		2	2	3			40
		选择合适的段落大意				5			
	提取信息	根据意思勾画词语		8					
		按要求填写句子内容，仿写比喻句					5		
	形成解释	理解说明文中概念的意思					3		
	做出评价	阅读段落或短文，回答问题				3	4		
		对记叙文中的景物或人物做出评价						5	
写作	小作文	想想平时怎么夸赞家乡，用一段或几段话把它按顺序具体、工整地写下来			5	5	10	5	25
合计			13	13	16	20	28	10	100

① 王毓新，王鉴. 实施"促进教学的评价"：基于课程标准的小学语文学业质量评价策略刍议 [J]. 教育测量与评价（理论版），2013（4）.

表 2 - 3　小学数学四则运算测验的双向细目表[①]

教材内容 \ 教学目标		知识	理解	应用	分析	综合	评价	总计	百分比
加法	选择	1	2					8	20%
	填充			1	1				
	计算		1	1					
	应用						1		
减法	选择	1	1					8	20%
	填充			1		1			
	计算	1	1				1		
	应用				1				
乘法	选择	2	1	1				12	30%
	填充		1			1			
	计算	2		1			1		
	应用			1		1			
除法	选择	2	1					12	30%
	填充		1			1			
	计算	1	1			1	1		
	应用			1	1				
总计		10	10	8	4	4	4	40	100%
百分比		25%	25%	20%	10%	10%	10%		

第三，编制与评阅试卷

试卷的基本要素是试题，试题质量直接影响到考试的质量，编制一套质量较高的试题对考试来说很重要。试题编制要求数量适当、类型多样、覆盖面广、注重内容的综合与开放。相关的技术我们将在"评价工具——测验试卷"中详述。

① 许爱红.多元学生评价的理论与实践 [M].济南：明天出版社，2005：52—53.

考试结束后教师要及时、认真、公平地阅卷并进行试卷评析。试卷评析要求在做好统计的基础上，针对问题有重点地进行，不要纠缠于结果而要更关注过程、追根溯源、分析原因、长善救失、重在改进，在试卷评析中一定要善于鼓励、发现学生的点滴进步，加强个别辅助。

在评阅试卷时，一定要发挥学生的自主性，引导学生自评。如，让学生填写个人试卷统计表（如表 2 - 4），使学生将所学知识与试题进行分析、比对、归纳。

表 2 - 4　个人试卷统计表①

题号 ╲ ×／✓	错误类型	原因分析
1		
2		
3		

最后，要让学生写一写个人心得体会。写个人心得体会，可根据下列问题进行思考。

①通过这次考试，你认为在上一段的学习中，哪些内容已经掌握？哪些内容还没有掌握？具体的问题及原因是什么？

②你认为这次考试哪一道题难？难在何处？哪一道题具有综合性？综合了哪些知识？

③这次考试没有考好的原因是什么？

④这次考试你有什么收获？对老师有什么要求？

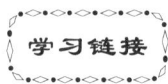

学习链接

测试的质量指标

在考试法中，最主要的评价工具是试题，即考试的内容，试题质量直接决定考试法的运用成效。一般来说，要保证试题的质量，需要考虑以下几个

---

① 李玉芳. 如何进行学生评价［M］. 上海：华东师范大学出版社，2014：139.

因素。

效　度

　　简单来说，效度就是考试的有效性，即一份试题能否测出它所想要的东西或能否实现它的测验目的。试题的效度是确保试题质量的首要标准，如果一份试题不能测出或不能完全测出它所想要的东西，可以说，这份试题的质量是很低的，考试也可能是无意义的。例如，我们想通过考试测量学生的分析能力，采用的题型却是填空题，那么，这份试题的效度是很低的，甚至可以说它不存在效度，因为填空题主要考查的是学生的识记能力（文科）或计算能力和理解能力（理科），很难测评学生的分析能力。

信　度

　　信度是指考试所得分数的稳定性或可靠性。质量高的试题，就像是一把好的量尺，对同一对象反复多次测试的结果应该始终不变。同一套测试题，在较短时间内，前后对同一被试者进行测验，如果被试者两次测得的分数基本一样或相差很小，说明这个测验的信度较高。相反，如果同一套测试题在前后很短的时间内对同一被试者进行测试，其前后两次测验分数却相差很大，那么就可以说这个测验的信度比较低。一般认为，试题的信度与下列因素有关：试题的数量是否适宜，试题的难度是否适当，试题的内容是否科学，考试的程序和评价方法是否统一、科学和客观，等等。

　　考试的信度和效度既有联系也有区别。效度强调考试的实效性，而信度强调考试的稳定性。可以说，信度是效度的基础，一个信度较低的测验，其效度必定低。但是，一个信度较高的测验，其效度不一定高。如上所述，通过填空题去测试学生的分析能力，其信度可能是较高的，但其效度却根本无从谈起。可见，测验的信度是保证测验效度的必要条件，但并不是充分条件。

难　度

　　难度是指试题的难易度。一份试卷的难度应如何把握并没有统一的规定。难度大小应根据考试的目的来确定。如果考试的目的是了解学生掌握知识、技能的情况，那么考试可以不考虑题目的难度，只要教师把认为重要的内容编入考试即可，甚至难度很大，估计很少有人能通过，或难度很小，估计大部分同学都能通过的题目也不必淘汰。如果考试用于对学生做区分，为了选优或升学，则要考虑试题的难度。试题的难度并非越大越好，而是要根据实际情况，使试题难度适中，以保证试卷的信度和效度。

区分度

一次考试质量的高低，除了效度和信度之外，还要看其区分度。区分度也可理解为考试的鉴别力，即通过考试能否将被试者的发展水平区分开来，从而反映出被试者的实际差异程度。如果一次考试，所有的学生得的分数都很接近，几乎不能将学生的发展水平区分开来，那么就可以说这次考试的区分度很低，从考试效果来说，不能算是质量高的考试。区分度较高的考试，应该能比较容易地区分出学生发展之间的差异，如水平高的学生得高分、水平低的学生得低分。

影响考试区分度的因素很多，其中最主要的是试题的难易度，试题太难或太易，都会影响到考试的区分度。因此，在设计考试试题时，要注意把握试题的难易度，以对学习程度不同的学生做出区分。

（三）考试的结果呈现

学生考试的结果通常采用"学习成绩通知单"的方式呈现。我国研究者认为，评价结果的呈现，首先应该是为了更好地帮助学生学习，然后才是用它来求证学生的学习结果。[①] 学习报告不应仅仅提供学习成绩，还应反映和关注学生的学习过程，尽可能地涵盖与学生学习表现相关的有效信息。一份好的学习报告单在构思、呈现方式上应精确恰当，就布局来说，也应力求新颖多变，有时综合归纳，有时举例佐证。总之，表格设计要错落有致，方便记录，方便解释，方便查看；信息呈现要做到精练扼要，篇幅尽量不要超过一页纸，这样方便存储、阅读，阅读者可以从报告中迅速提取到有价值的信息，从而做拓展性、反思性的决策与思考。

目前，我国中小学生的学业成绩单通常是以学科为单位，对学生各学科纸笔测验结果（分数）进行报告；其主要采用分数、等级、评语（言语陈述）

---

① 田莉. 中小学教师如何设计"学习成绩报告单"[J]. 教育测量与评价（理论版），2014（3）.

等方式。报告单中分数和等级的呈现可以是图表形式，可以是文字描述形式，也可以是图文结合的形式，具体呈现方式的选择应该根据评价对象的不同而有所变化。分数报告可以以纸质形式呈现，也可以基于网络向不同的报告对象传递学业成绩水平的信息。在撰写评语时，语言要讲究分寸，要注意词语的褒贬色彩，既要通俗易懂，又要生动活泼，尤其是定性评价的内容，一定要具体。

事例点击

两份可供参考的学习成绩报告单

表 2-5 某地区 Z 小学学生 2011—2012 学年下学期学习成绩报告单

姓名：			班级：			班主任：			填表日期：	

课业成绩及学期总评

学科	课堂表现（30分）			课外学习表现（30分）			平时成绩（*0.6）	期末考试（*0.4）	总分（100分）	教师签名	学习改进建议与评语
	师评	小组评	自己评	师评	家长评	自己评					
语文											
数学											
英语											
科学											
音乐											
美术											
体育											
品德与生活/社会											
综合实践活动											

续　表

姓名：	班级：	班主任：	填表日期：

课业成绩及学期总评

校本课程										

对本学期课程学习的自我评价与反思

本学期课程学习我努力达到的目标是：

本学期课程学习中自己感到最大的收获是：

下学期改进的方向：

班主任寄语：	家长寄语：
    签名：	 签名：

表 2 - 6　台北市龙安小学 1996 学年度第二学期教学评估改进班学习状况通知单①

班级：_____ 年 _____ 班　　　姓名：_____　　　评价起止时间：_____

在校状况	做得很好	已经做到	已有进步	继续努力	学科表现	做得很好	已经做到	已有进步	继续努力
1. 整理学习用品	☐	☐	☐	☐	4. 自然：				
2. 会举手发言	☐	☐	☐	☐	观察	☐	☐	☐	☐
3. 整理抽屉	☐	☐	☐	☐	发问	☐	☐	☐	☐
4. 注意礼貌	☐	☐	☐	☐	记录	☐	☐	☐	☐
5. 同学互动情形	☐	☐	☐	☐	实验态度	☐	☐	☐	☐
6. 打扫环境	☐	☐	☐	☐	好奇心	☐	☐	☐	☐
7. 用餐情形	☐	☐	☐	☐	5. 唱游：				
8. 其他_____	☐	☐	☐	☐	韵律	☐	☐	☐	☐

学习情形	做得很好	已经做到	已有进步	继续努力		做得很好	已经做到	已有进步	继续努力
					节奏感	☐	☐	☐	☐
					体能活动	☐	☐	☐	☐
1. 专心情形	☐	☐	☐	☐	欣赏	☐	☐	☐	☐
2. 分组合作	☐	☐	☐	☐	6. 美劳：				
3. 创意思考	☐	☐	☐	☐	绘图	☐	☐	☐	☐
4. 主动态度	☐	☐	☐	☐	剪贴	☐	☐	☐	☐
5. 其他_____	☐	☐	☐	☐	鉴赏	☐	☐	☐	☐
					欣赏	☐	☐	☐	☐

学科表现	做得很好	已经做到	已有进步	继续努力	自我评价	做得很好	已经做到	已有进步	继续努力
1. 语文：					1. 听爸爸妈妈的话	☐	☐	☐	☐
写字	☐	☐	☐	☐	2. 尊敬师长	☐	☐	☐	☐
发表	☐	☐	☐	☐	3. 和同学和睦相处	☐	☐	☐	☐
阅读	☐	☐	☐	☐	4. 喜欢自己	☐	☐	☐	☐
创作	☐	☐	☐	☐	5. 不怕困难的事	☐	☐	☐	☐
2. 数学：					6. 自动做好该做的事	☐	☐	☐	☐
理解	☐	☐	☐	☐					
计算	☐	☐	☐	☐	老师的话：				
解决问题能力	☐	☐	☐	☐					
3. 社会：									
资料搜集	☐	☐	☐	☐	家长的话：				
生活报告	☐	☐	☐	☐					
发表	☐	☐	☐	☐					
日常实践	☐	☐	☐	☐					

校长：　　　教务主任：　　　级任导师：　　　家长签名：

---

① 李坤崇. 教学评估：多种评价工具的设计及应用 [M]. 上海：华东师范大学出版社，2011：348.

三、 表现性评价

在讨论考试类评价时，我们发现，传统纸笔测验的不足本质上并不在于传统纸笔测验本身，而在于我们不假思索地滥用该方法。事实上，传统纸笔测验对教育结果中的某些结果是最有效的评价方法，只是它检测不了应该处于课程核心地位的丰富而复杂的任务。因此，无论是课程实验，还是各个层面的评价，都在积极探索着超越传统纸笔测验的有效方法。这种与传统纸笔测验相对的，或说是在整个评价体系中，作为传统纸笔测验补充的评价方法，就是当前在基础教育改革中特别受重视的表现性评价。

（一）表现性评价的特征

什么是"表现性评价"？我国台湾学者综合国内外的研究提出一个定义：具有相当评价专业素养的教师，编拟与学习结果应用情境颇类似的模拟测验，让学生表现所知、所能的结果。[1] 我国有许多学者认为，表现性评价是在尽量合乎真实的情境中，运用评分规则对学生完成复杂任务的过程表现或结果做出判断。传统纸笔测验反映不了学生在真实情境中运用已有知识做事的能力以及完成任务的过程表现。而"表现性评价关注的就是学生知道什么和能做什么，通过客观测验以外的行动、作品、表演、展示、操作、写作等更真实的表现来展示学生口头表现能力、文字表达能力、思维能力、创造能力、实践能力及学习成果与过程的测验"。[2]

表现性评价具有以下一些特点：[3]

其一，不仅评价学生"知道什么"，而且评价学生"能做什么"。表现性评

---

① 李坤崇. 教学评估：多种评价工具的设计及应用 [M]. 上海：华东师范大学出版社，2011：125.

② 吴维宁. 新课程学生学业评价的理论与实践 [M]. 广州：广东教育出版社，2004：172.

③ 周文叶. 中小学表现性评价的理论与技术 [M]. 上海：华东师范大学出版社，2014：15—16.

价要求学生完成的是我们确实想要评价的行为，而不是看上去像而实际上没有发生的行为。

其二，不仅评价学生行为表现的结果，而且评价学生行为表现的过程。事实上，有些学习内容没有形成最终的有形产物而只有过程，如演讲、唱歌、跳舞、讨论等。

其三，不仅是对某个学习领域、某方面能力的评价，更是对学生综合运用已有知识进行实作与表现能力的评价。

学习链接

表 2-7　各种评价方式的比较①

评价方式	表现性评价	客观性测验	论文测验
目标	评定将知识和理解转换成行动的能力	评定识记知识的能力	评定思考技能或知识结构的精熟度
学生的反应	计划建立和传送原始反应	阅读、评价和选择	组织、写作
优点	提供表现技能充分的证据	有效率——能在同一时间内进行多个测验试题的施测	可以评定较复杂的认知成果
对学习的影响	强调在相关的问题背景情况下，使用现成技能和知识	过分强调记忆，如妥善编制，亦可测量到思维技能	激励思考和写作技能的发展

① 唐晓杰，等. 课堂教学与学习成效评价 [M]. 南宁：广西教育出版社，2000：112.

表 2-8 纸笔测验和表现性评价的特点比较①

纸笔测验		表现性评价	
选择型试题	补充型试验	限制型表现	扩展型表现
低 ←———————— 任务的真实性 ————————→ 高			
低 ←———————— 任务的复杂性 ————————→ 高			
低 ←———————— 需要的时间 ————————→ 高			
低 ←———————— 评价的主观性 ————————→ 高			

（二）表现性评价的要素

实施表现性评价，一要有要求学生执行的表现性任务，二要有用以判断结果和表现的评价标准。而表现性任务和评分规则都是依据我们期望学生能表现出来的学习结果来设计和开发的。因此，目标、表现性任务和评分规则，就构成了表现性评价的三个核心要素。

一是居于课程核心的目标。表现性评价要检测的是那些居于课程核心的、需要持久理解的目标。这些目标是学生学习的重点部分，对于它们所指向的内容，学生不仅应当熟悉，还应当能够切实应用研究，以实现持久的理解。

二是真实情境中的表现性任务。"真实"，要求我们将评价所测的能力直接与生活中复杂的能力相连接，以提高学生将习得的能力迁移至学校学术情境之外的生活中的程度。因此，不论何种形式的表现性任务，均应尽量接近真实生活的复杂情境，为培养学生"带得走"的能力提供各种各样的机会。

三是判断学生表现的评分规则。表现性评价要求学生建构反应、完成任务、展示能力，而不是选择一个现成的答案；表现性评价不仅评价学生行为表现的结果，同时关注学生行为表现的过程。因此，评价者必须观察学生的实际操作、表现（如学生的口头陈述、表演或舞蹈等在问题解决过程中的外显行为）或记录学业成果（如论文、方案设计等），以此评价学生的能力。可

---

① 康晓杰，等. 课堂教学与学习成效评价 [M]. 南宁：广西教育出版社，2000.

以说，真正的表现性评价与选择题的评分不同，它没有一个统一的标准答案，而只有答案的标准，需要评价者根据事先设置好的评分规则，依靠自身的经验和智慧来决定学生表现的可接受程度。[①]

总之，表现性评价由目标、表现性任务和评分规则组成；多种不同类型的表现性评价任务的综合运用构成了表现性评价体系；而表现性评价与课程标准的共生关系以及与教学的统整，将这个系统连接起来，从而促进教与学。

学习链接

聚焦"表现性任务"

"表现性任务"集中体现了表现性评价最适合的领域，也是表现性评价在操作上的一个最重要的事项，它既是"目标"的载体，又是"赋值"的依据。

表现性任务

表现性任务，我国台湾学者将其称为"实作作业"，是表现性评价的核心要素之一。和所有的评价任务一样，表现性任务是为了检测学生在特定目标上的达成情况而设计的作业，旨在引发学生的表现行为，从而收集学生表现的证据，作为评价学生学习情况的依据。因此，它也必须包含任务的刺激情境和对应符号的规定这两个基本要素。当然，表现性任务的情境强调真实性，突出任务与真实世界的关联；在对应答案的规定上，它不是简单地选择答案，而是需要建构答案的复杂表现或是产品的完成。另外，由于是真实或模拟真实情境中的任务，有时候需要对受众加以说明。

总之，表现性任务有两个关键要素：创设一个情境；规定一种表现。

表现性任务的类型

由于表现性评价目标的复杂性和综合性等特点，相应地，其任务类型也显得丰富多彩。

从真实性程度来看，表现性任务可以分为纸笔的表现性任务、辨认的表现性任务、结构化的表现性任务、模拟情境的表现性任务以及真实样本的表现性任务。[②]

---

① 周文叶. 中小学表现性评价的理论与技术 [M]. 上海：华东师范大学出版社，2014：45.
② 周文叶. 中小学表现性评价的理论与技术 [M]. 上海：华东师范大学出版社，2014：45.

从自由程度来看，表现性任务可以分为限制反应式表现性任务和扩展反应式表现性任务。如表2-9所示。

表2-9　根据自由程度划分的表现性任务

任务类型	可被测量的复杂学习结果
限制反应式表现性任务	能力： 大声朗读 用外语问路 设计一个表格 使用一种科学仪器 打字
扩展反应式表现性任务	能力： 建造一个模型 收集、分析和评估数据 组织观点、创作一种视听作品，一个内容完整的演讲 创作一幅画或演奏一种乐器 修理一台机器 写一个具有创造性的小故事

不同的表现性任务有不同的表现方式，由此我们可以将表现性任务分为表达性任务、操作性任务和动作性任务。而简短型任务、事件型任务和延伸型任务是根据完成任务的时间跨度来划分的三种表现性任务类型。其他还有按照完成任务的人数和侧重点来划分的。

常见的责任性任务形式

纸笔测验：表现性评价中的纸笔任务有别于传统的客观纸笔测验，但也不需要借助于其他设备或资源。表现性评价中比较典型的纸笔任务是论述题和问题解决题。

展示：需要学生能运用知识和技能来展示一个良好界定的复杂任务。如：展示做面包前揉捏面团的动作；展示使用显微镜来观察污点的滑动；展示在绳子上爬行；展示在因特网上查询信息。一般而言，展示关注的是学生如何使用他们掌握的知识和技能，而不是看他如何解释他的思考或者表述现象背后的原理。

实验与调查：实验或调查是学生制订计划、执行计划并且解释实验研究（调查）结果的过程。

口头表达与角色扮演：口头表达要求学生以访谈、演讲或其他口头表述方式来展现他们所掌握的相关知识，运用他们的口头表达技能。

项目：通过项目（或称课题），我们可以评价学生综合运用知识的能力。项目（课题）可以由学生独立完成，也可以合作完成。下面是一些学生个人项目的例子：

收集假期里的报纸杂志广告，并给它们分类；使用本学期所掌握的手工工具做一件小家具；用本单元所学的光学原理制作照相机的工作模型；收集和运用资料，写一篇研究报告，分析在初选时选民人数稀少的原因。

（三）表现性评价的类型[①]

米勒等人均提到，使用"表现性评价"较使用"真实性评价"效果更佳，因为"表现性评价"比"真实性评价"更不虚伪，"表现性评价"是对真实情境中实际应用的评价，且其评价测验的情境的"真实"仅是程度上的差别，而非完全真实或完全不真实。

格朗伦德依据测验情境的真实程度，将教学情境常用的表现性评价分为以下五种类型：(1) 纸笔的表现性评价。此评价虽由纸笔来表现，但比传统纸笔测验更强调在仿真情境中应用知识与技能，通常使用设计、拟定、撰写、编制、制造、创造等行为动词，如设计一份海报、拟定活动流程、撰写读书报告。(2) 辨认测验。此测验要求学生辨认解决实作作业问题所需的知识或技能，如辨认电动机实验所需的工具、装备或程序，辨认某机器故障的原因，辨认未知的化学物质，辨认正确的发音，辨认数学解题的正确程序。(3) 结

---

① 李坤崇. 学业评价：多种评价工具的设计与应用 [M]. 上海：华东师范大学出版社，2016：131—133.

构化表现的表现性评价。此评价要求学生在标准、控制的情境下完成实作作业，这种测验中的情境的结构性甚高，要求每个学生均表现出相同反应。（4）模拟表现性评价。此评价要求学生在模拟情境中完成与真实作业相同的动作，强调实作的正确程序，如教师在教学实习时要求学生进行教学活动设计，逐一写出准备活动、发展活动、设计活动的过程，并考虑所能达成的行为目标、所需资源、花费时间与评价，之后以角色扮演的方式（由设计者当教师，其他同学当学生）进行模拟试教。（5）工作样本表现性评价。在五种类型中，工作样本表现性评价的真实性最高，此评价要求学生表现实际作业情境所需的真实技能，通常要求学生完成全部作业或表现最重要的要素，且在控制良好的情境下完成工作，如考汽车驾驶时，要求学生在涉及正常驾驶常会发生的共同问题的标准场地练习。要求学生制作电子版书信、分析一份调查资料、操作机器、修护仪器等都是工作样本的表现性评价。

米勒等人均强调真实性只是程度的问题，教师应由关注依据真实程度的分类模式转到注意实作表现的限制程度，如打字测验可要求学生完全按照传统信件格式来打，亦可要求学生自由创造、发挥。依据表现的限制程度可将表现性评价分成两类：限制反应实作作业（restricted-response performance task）和扩展反应实作作业（extended-response performance task）。

1. 限制反应实作作业

"限制反应实作作业"能够评价的学生的表现较为有限，但能明确规定表现的形式与限制。米勒等人举出了此类评价的八个例子，具体为：（1）写一封求职信。（2）大声朗读一段故事。（3）用五块直的塑料片随意连接构成三角形，并记录每一个三角形的周长。（4）指出两种溶液中哪一种含糖，并证明所提出的结论。（5）画出两座城市月均降雨量的图。（6）用法语询问前往火车站的方向。（7）在未标示城市名称的欧洲地图上，写出正确的城市名称。（8）宜静知道班上有半数同学受邀参加大雄的生日聚会，同时，半数受邀参加阿福的聚会。宜静心想加起来刚好百分之百，所以她想自己肯定会被邀请参加其中的一个聚会。请解释为何宜静的想法是错的，请尽量用图解释。

"限制反应实作作业"也会出现的形式为"有时会采用选择题或简答题，有时答案的解释会有所延伸，有时又会通过学生为何不选此答案来解释答案的延伸"，此形式虽为客观式测验的延伸，但此问题必须与日常生活情境相近，且兼顾过程与结果。

"限制反应实作作业"的优缺点与限制式的申论题颇为相同，比"扩展反应实作作业"更具结构性，学生能在较短时间内回答较多问题、可评价较广泛领域的学习结果。较高的结构性使得计分较为容易，但却难以评价数据统整能力和创造力。

2. 扩展反应实作作业

"扩展反应实作作业"要求学生在完成提供的作业外，还需要从不同来源收集信息，如，要求学生到图书馆查询资料，在实验室观察分析数据，实施调查，使用计算机或其他设备。学生面对"扩展反应实作作业"时，需要确认作业内涵的最重要的部分，自行决定过程，决定如何展现结果。做作业可能需要一段时间，也可能需要来回修正，学生在此自由完成作业的情境下可以展现其选择、组织统整及评鉴信息和想法的能力。

米勒等人举出了此类评价的三个例子：（1）准备并发表一场足以说服民众采取环保行动的演讲。（2）用 BASIC 语言编写一个程序，将数据依据第一个单词的字母顺序来排序。（3）设计与执行一项评估落下物体加速度的研究，如球的加速度，指出所用的方法，呈现收集与分析的数据并陈述结论。评价的过程或程序乃观察评价的重要部分。学生完成或呈现作品的形式可能各异，如：可用图表来架构或呈现，亦可用照片或绘画，更可用物理模型来架构。且学生完成作品可能需要几天的时间，教师应让学生有充裕时间改善、修饰作品，学生方能自由展现其选择、组织、整合和评鉴信息与概念的能力。

"扩展反应实作作业"要求学生以真正的表现证明其技能，重视"做"而非只是"知"。有时二者有差异，如文字处理人员能在计算机前正确操作文书编排，却很难说出计算机文书编排的原理。欲提高此评价的有效性，应谨慎选择评价作业与表现性评价方式，必须选择能达到评价目的的作业内容与评价方式。

总之，表现性评价测量学生完成对应重要教学目标任务的能力，"限制反应实作作业"通常聚焦于明确的技巧，而"扩展反应实作作业"较着重于问题解决、各种技巧与理解的统整。两种类型评价复杂学习结果的范例详见表

2 - 10。

表 2 - 10　实作作业的类型

类　　　型	可测量的复杂学习结果范例
限制反应实作作业	能力： 　　大声朗读 　　以外语问路 　　建构图表 　　使用科学仪器 　　写一封信
扩展反应实作作业	能力： 　　建构一个模式 　　收集、分析与评鉴资料 　　组织意见、设计结构图及进行统整性口语表达 　　画一幅画或演奏一种乐器 　　修理汽车引擎 　　写一篇富有创造力的短篇故事

（四）表现性评价的应用

　　表现性评价的特征与构成要素，决定了它"与课程共生，与教学同构"。理想的表现性评价同时是一项有效的教学活动。表现性评价具有教学性成分，学习和评价能同时执行，并能很好地与教学统整在一起。从"教学—学习—评价"三位一体的角度看，教学活动固然离不开评价；评价活动就是教与学的一个有机组成部分；评价目标就是教与学的目标，评价任务就是与目标匹配的任务；评价过程相当于一个学习过程。特别是表现性评价，它是镶嵌于真实情境或模拟真实情境中的以解决问题为中心的活动性学习，知识的激活和应用，过程与方法，情感、态度与价值观的习得，都能毕其功于一役。因此，"把表现性评价看作教学过程的组成部分，这一观点怎么强调也不过分"。[1]

表现性评价的两个例子

案例 1：餐馆的座位[2]

一家餐馆有能坐 4 人的方桌，对于多于 4 个人的，餐馆老板就把桌子摆成一条线拼在一起，两张桌子拼在一起能坐 6 人。（如图 2-1 所示）

图 2-1 餐馆的座位

3 张桌子拼成一行能坐多少人？

完成下题：

拼成一行的桌子	1	2	3	4	10		
人数	4	6				18	24

① 如果已知桌子数，你能快速算出一共能坐多少人吗？

a. 用语句和图表达你的方法以便别人能理解。

b. 用数学符号表达这个关系。

② 当已知要坐的人数时，你要算出需要多少张桌子。（当有人订餐时这种情况经常发生）

a. 当你被告知订餐的人要坐在一起，怎样算出要多少张桌子？用语句和图解释你的方法。

b. 用数学符号表达这个关系。

---

① GARY D BORICH, MARTIN L TOMBARI. 中小学教育评价 [M]. 国家基础教育课程改革 "促进教师发展与学生成长的评价研究"项目组，译. 北京：中国轻工业出版社，2003：180.

② 马云鹏，张春莉. 数学教育评价 [M]. 北京：高等教育出版社，2003：153.

分析：

（1）情境层次：学生根据所提供的现实情境，按照图2-1所示，通过画图找出所坐的人数。

（2）指涉层次：画出3张、4张桌子拼成一行之后，学生了解其中的规律而不需要再一个个地画图。相反，基于前面3张、4张桌子拼成一行的情况，学生继续将桌子数（z）跟能坐的人数（y）填入表格，表格便成为给定问题情境的模型，可据此找出一共能坐多少人。

（3）普遍层次：学生得出能坐人数（y）与桌子数（x）的线性方程，利用此线性方程的数学模型，在不需要引用原始问题情境的情况下，学生可以快速算出不同桌子数时一共能坐多少人。

（4）形式层次：根据 $y=f(x)$，学生在数学范畴内利用形式化的数学方法（如求反函数）解决相反情境问题。

从例说中可以发现，表现性任务具有探索的空间，各层次的学生都能在这些问题上有所表现。教师可以依据学生的表现去理解他们分析问题、解决问题的思考方式和思维过程，并针对所暴露出的问题给予特定的帮助。

案例2：学生掌握"平均数"要领的评价任务与评价量规

为了考查学生对于"平均数"这一概念的掌握程度，教师设计了这样的任务：

> 某部门的员工收入情况如下：主管（1名）5000元/月；秘书（1名）2000元/月；文员（6名）1200元/月。
>
> 现在，该部门想要再招聘一个文员，但是，广告发出去之后，由于1200元/月的待遇似乎太少，没有人愿意来应征。如果你是这个部门的主管，能不能想个比较好的方法，在不改变工作待遇的情况下，吸引较多的人来此部门应聘呢？你能不能设计一份简短的招聘启事呢？

要满足上述任务中的要求，较好的方法就是运用该部门人员的平均工资来代替文员的实际工资进行招聘宣传，以吸引更多的应聘人员。因此，相应的，在实际评价活动中，学生有没有意识到可以运用平均数来解决这个问题就成为关注的焦点。评价量规可以这样设计：

3分：正确使用了求平均数的方法，并成功解决了问题

2分：使用了求平均数的方法来解决问题，但是出现了计算方面的错误，或者在数据处理上存在问题

1分：用无关的方法来解决问题

0分：没有回答

这样的量规评价直接指向对某种特殊的知识、技能的考查，使教师可以较为快速地了解学生对于这种知识、技能的掌握情况。

四、　档案袋评价

档案袋，其英文单词"Portfolio"，有"文件夹""公事包""代表作选辑"的意思。在生活和工作中使用这一方法并不是什么新鲜事，最初使用这种形式的是画家、摄影家，后来是作家、建筑师、时装设计师，他们把自己有代表性的作品汇集起来，以向预期的委托人展示其技艺和成就。所选择或提交的东西都是由出示档案袋的人自己创作的。近十几年来，这一方法被应用到教育评价领域，用于汇集学生某方面的作品，以展示学生在某一领域的努力、进步和成就。

（一）档案袋评价的内容

我国学者分析了常见的五个档案袋评价定义，认为从内容来看，档案袋评价的内涵主要包括：它是学生作品有目的、有计划、有组织的汇集；它能反映学生学习的进程与成果；它要有详细的评价规则；它是一个反思和促进教与学的过程。也正是因为基于这些要素的考虑，斯蒂金斯说他所见到过的为档案袋评价所下的最好定义是：一份学校档案袋就是"一个学生作业和表现的专业收容库，可以告诉你关于这个学生的努力、进步或学业成绩的经

历"，它涉及一个或者更多的学科领域。要想增强档案袋的交流潜力和对教学的益处，我们就要努力做到以下几点：让学生参与选择具体的内容；根据既定的要求来选择使用的教材和资料；制定好判断学生作业和表现的质量的评价准则；让学生在这个过程中进行定期思考。就像艺术家用他们的作品档案来展示他们的艺术才华，记者用他们的作品集表现他们的写作技能一样，我们的学生也是通过收集他们表现的样本来讲述自己的学校学习经历的。[①]

在平时的研究与讨论中，人们经常将档案袋与档案袋评价混为一谈。"作为评价媒体的档案袋（收集物），是经过长期有目的、有计划地收集有关学习信息的容器，它能够为档案评价提供信息源"[②]。档案袋只是作为收集信息的一种工具或手段，而不具备评价的功能。只有在收集档案之前确定明确的评价目标，开发具体的评分规则，并对档案袋中的信息做出一定的分析处理，这样才会使得这个档案袋具备评价的功能。

如果要给档案袋评价下一个定义的话，那就是：根据特定的目的，学生持续一段时间针对特定的学习目标，系统地收集、组织和反思学习成果的档案，评价者依据评分规则对学生的努力、进步和成果表现进行评价的过程。

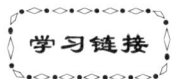

学习链接

各学科可选入展示型档案袋的内容[③]

语言艺术

一系列写作类型的最佳作品——说明的，创作的（诗歌，戏剧，短篇故事），报刊的（报告，专栏作品，评论），广告副本，讽刺作品或幽默等。

科 学

学生做的最佳实验室成果；开发的最佳原创假设；对教师提出的科学问题的最佳解决；对科学问题阐明自己主张的最佳论文（用那些能在科学家的讨论会上展示的风格写成）；对科学杂志或期刊上的文章做的最佳评论；学生

---

① RICHARD J STIGGINS. 促进学习的学生参与式课堂评价［M］. 国家基础教育课程改革"促进教师发展与学生成长的评价研究"项目组，译. 北京：中国轻工业出版社，2005：358.

② 熊梅，马玉宾. 试谈研究性学习的档案评价［J］. 教育发展研究，2002（Z1）.

③ 李雁冰. 质性课程评价：从理论到实践（三）［J］. 上海教育，2001（13）.

对长时间的实验进行的最佳记录或日记。

社会研究

学生写的最佳历史研究论文；学生参与的一定量的最佳争议和讨论；学生提出的最佳原创历史理论；关于历史问题的最佳议论短文；关于当前事件的最佳评论；对学生所读历史传记的最佳评论。

数　学

对教师所提问题的最佳解答；学生开发出的最佳原创数学理论；对数学期刊的最佳评论或学生写的数学家传记；对问题解决的最佳描写（描写问题解决的过程）；学生探究过的数学理念的一张照片、图解或概念图。

这是一位同学设计的一张成果型档案袋内容目录（见表 2 - 11）：

表 2 - 11　成果型档案袋内容目录

学习类			课外类		
语文	1	五、六年级优秀考卷（6 张）	美工	1	"六一"小报（1 张）
	2	优秀摘抄（1 本）		2	优秀绘画作品（1 张）
	3	优秀作文、日记（8 篇）		3	卡通人物画（1 本）、优秀图画（1 本）
英语	1	优秀听写本（1 本）	手工	1	沙画（2 张）
	2	优秀作业本（1 本）		2	小人衣（1 件）
	3	获奖卡（若干）、自我介绍（1 份）	照片	1	表弟（2 张）、全体女同学和老师（1 张）
数学	1	优秀作业本（1 本）	奖状	1	稿件录用通知书（1 张）
	2	满意考卷（2 张）		2	英语考级证书、考核优秀奖
	3	获奖卡（若干）		3	奥数优秀奖及阅读优秀奖状
			资料收集	1	文言收集（1 本）
				2	名言收集（1 本）

（二）档案袋评价的类型

我国台湾学者李坤崇将档案袋评价界定为："教师依据教学目标与计划，

请学生依特定目的持续一段时间主动且系统地收集、组织与省思学习成果的档案，以评定其努力、进步、成长的情形。"由于国内外学者对档案袋评价的分类殊多不同，李坤崇认为，用之于班级学生评价的档案分为成果档案、过程档案、评价档案、综合档案四类，其中的评价档案常用于班级间与学区间比较，综合档案乃团体的学习档案，只有"成果档案和过程档案在班级中普遍使用"。[①]

成果型档案袋，是展现学生完成学习任务和学习成果的主要手段，主要收集有关学生成就、成绩的作品，如优秀作品、典型事例、荣誉证书等。档案袋可以有一个或多个主题，主题由教师或师生共同确定，学生必须根据主题及相关要求，选择自己感到满意的作品或成果装入档案袋，并对其进行必要的说明、反思和整理。这种档案袋常用于各种类型的展示会，因此也被称为"展示型档案袋"。

过程型档案袋，重点是呈现与展示学生学习进步、探索、努力、进取、反思、达到目标与成就的历程。它一般只有一个主题，主要收集学生不同时间段的个人表现的材料，不仅要有最得意的作品，还要有最初状态的作品和不太成熟的作品，这些收集到的细节材料可以完整地呈现学生整个学习与进步的过程，使评价者了解学生成长的轨迹和背景。

（三）档案袋评价的操作

档案袋评价法的实施方式是多种多样的，一般来说，程序主要包括两个阶段：第一阶段是"计划与组织"，这一阶段包括五个基本环节；第二阶段是"执行过程"，此阶段主要包括四个基本环节（如图 2 - 2）。[②]

---

① 李坤崇. 教学评估：多种评价工具的设计及应用 [M]. 上海：华东师范大学出版社，2011：193，194.

② 黄海滨. "真实性评估"在信息技术课教学评估中实现与应用 [J]. 广东广播电视大学学报，2007（1）.

计划与组织	1. 明确评价的目的、解释档案袋的类型和使用方法
	2. 根据档案袋的类型，确定评价的内容
	3. 决定采集哪些作品，确定作品收集分析的方法，设定评价标准
	4. 让学生有充裕的时间去准备和讨论什么作品放在档案袋内
	5. 在档案袋上详细说明学习目标，并说明哪些是必要的项目，哪些是可选项目
执行过程	6. 采集、分析作品
	7. 在教师或其他同学的帮助下，自我反思，得出结论（包括如何改进的建议）
	8. 依照评价结论采取措施，再评价
	9. 仔细选择有代表性的作品放入档案袋

图 2-2　档案袋评价法的实施程序

我国台湾学者李坤崇曾提出以下一些档案袋评价的应用原则：

档案袋评价必须与教学相结合；

档案袋评价应与其他评价并行；

档案袋评价应实施多次、阶段的协助或省思；

档案袋评价应顾及可使用资源与学生家庭背景差异；

档案袋评价若用于评鉴，应力求慎重。

学习链接

对学生档案袋进行评定时制定的评价标准[①]

指标 1：学习中的求知表现

水平③：（材料显示）对数学记录袋充满热情，作品内容丰富，文字部分书写工整、美观、清晰；

水平②：（材料显示）对数学记录袋有一定兴趣，作品内容比较丰富，文字部分书写有时候潦草不整洁；

水平①：（材料显示）对数学记录袋完全没有兴趣，作品内容单一，文字部分书写潦草。

指标 2：对数学问题的理解

水平③：（材料显示）对相应的数学问题有清晰的理解；

---

① 蒋华. 对小学档案袋评价实践情况的研究 [J]. 上海教育科研，2003（11）.

水平②：（材料显示）对相应的数学问题有一定理解，但有时滥用或忽视某些信息；

水平①：（材料显示）对相应的数学问题一知半解，并且时常滥用、乱用或忽视某些信息。

五、 其他评价方法

一般说来，学校教师对学生学习的评价，大多采用"考试或测验""表现性评价""档案袋评价"三种方式。但在日常的随机应用中，可能还有"口语评价"和对个别学生的"轶事记载"（"事例分析"），也可能有"游戏式的升级评价""竞赛类比较评价"，甚至有"积分银行"，等等。以下择要简述之。

（一）口语评价

中小学各学习领域或学科经常引导学生将学习结果用于日常生活，而日常生活的人际沟通以口语表达最为直接便利，因此，各学习领域或学科评价宜纳入"口语评价"。口语评价常采取"口试""问问题"的形式。"口试"较常用于综合活动学习领域的总结性评价，如用演讲、辩论、口头报告、经验分享、故事接龙来评价，或采用发声思考、日常应用心得分享、口头报告、表演等方式来评价。"问问题"较常用于各学习领域或学科的形成性评价。教师在教学过程中问学生问题乃常见的师生互动模式，只是少有教师会将"问问题"纳入学业评价或将其视为学业评价的一部分。

口语评价在教师日常教育教学中运用很普遍。若为评价教学过程中的问题、给予学生立即回馈及增进学生口语表达能力，宜采用问问题方式；若评价较复杂、较具综合性的学习结果，以及评估学生的语言表达能力，宜运用口试进行学业评价。

教师在实施口语评价时应遵循下列原则：[①]

1. 口语表达要与教学目标相关

教师在教学过程中问问题或在教学后实施口试，均应与教学目标相结合、相呼应，教师在做教学前的准备时应将拟问的问题纳入教学过程或计划之中，以避免口语表达与教学目标脱节。

2. 避免广泛、模糊的题目

教师问问题或口试时，应避免问题过于笼统、宽泛、普遍、模糊。例如，有些教师问学生："大家都懂了吗？"有些学生因害羞或怕被责罚而不敢承认不懂，也有些学生实际不懂却自认为懂了。因此，与其问此类问题，不如直接询问需要掌握的具体观念或技能。比如，有些教师口试时问学生："怎么做种子发芽需要水的实验？"这个问题就比较笼统，学生往往不知任何作答。不如将其改为："如果你要做种子发芽需要水的实验，你会准备哪些器材？你会怎样设计实验的步骤？你会怎样观察绿豆发芽的情形？"这样问就较为具体、明确了。

3. 使用简单的问题

教师所问的问题过长，易使学生疲劳；问题过于复杂，易使学生难以理解，使得评价结果只能反映出学生不理解的问题，而无法反映出学生对教学内容的掌握程度。

4. 让学生有充足时间回答

学生思考与组织问题的答案需要足够的时间，尤其是难度较高的题目，会需要更多的时间。教师应允许学生短暂沉默，让学生充分思考后再回答问题。若教师因不能忍受学生沉默而催促学生回答，会使得学生更为紧张、更难以回答问题。

5. 候答态度应和蔼，避免给学生压力

教师候答的表情与态度会影响学生的回答。若教师眉头深锁、眼神凶恶、表情不耐烦，会令学生感受到压力，从而产生紧张情绪；若教师面带微笑、

[①] 李坤崇. 学业评价：多种评价工具的设计与应用［M］. 上海：华东师范大学出版社，2016.

表情和蔼、眼神支持、点头鼓励，就会增强学生的信心，使学生勇于说出自己的答案。

6. 审慎衡量运用时机

在教学过程中，问问题这一方式可使教师立即了解学生在学习中存在的问题并施予适当的补救，从而提高学生的语言表达能力；口试可用来评价高层次的认知情意与态度，增进学生语言表达与组织沟通的能力。问问题较适用于使学生觉察学习现况、立即诊断学生问题或立即给学生回馈；而口试较适用于正式的评鉴。但因口试、问问题均耗时费力，且较不客观，若其他评价方式能达成口试的评价目标，宜采用其他评价方式。

7. 事前建立公正、客观的口试评价标准

口试或问问题最让人诟病的一点是：评分者的主观意识易造成评分结果的偏差。从这个角度来说，不宜将教学过程中的问问题纳入学业评价。而如果在实施口试前，能建立评分项目（如内容与主题的符合、组织流畅程度、内容生动程度、姿势、音量、速度、发音或时间）以及计分方式的细则，即建立较公正、客观的评价标准，不但能解决因主观意识而造成的评价结果偏差问题，而且能精简评价时间。

8. 事先让学生了解口试程序与评价标准

学生对口试程序的未知与对评价标准的茫然会增加未知的压力，若能于事前告知口试程序与评价标准，可让学生减少压力，更可让学生知晓努力方向而全力冲刺。

9. 同时请两位以上受过训练的优秀人员担任口试主试

受过训练的优秀人员指受过口试评价训练，具有评价专业素养，且能公平、客观、认真地实施评价的人员。口试评价训练应遵循下列步骤：（1）告知口试的标准与评价重点；（2）共同讨论评价标准；（3）参与训练者对口试模板（如口试学生的录像带）进行评价；（4）与参与训练者讨论评价结果的差异与原因；（5）分别就不同范本练习计分、比较评价结果并讨论改善策略；（6）重复练习直到参与训练者的表现与教师评价结果相一致。由两位以上经受过训练的优秀人员同时评价结果会更为客观。

（二）轶事记录

米勒等人强调，轶事记录乃教师观察到有意义的插曲与事件后的事实性描述，即教师观察学生日常生活表现，详细写下重要而有意义的偶发个人事件和行为。轶事记录通常是评价的参考数据，而非评价的唯一依据，因为学生日常生活的点点滴滴难以在教师设计的评定量表、检核表、档案数据袋或纸笔测验中完全呈现；若能以教师在班级情境的直接观察作为参考数据，当能提高评价结果的效度。

关于记录的内涵：教师通过日常观察可得到学生学习与发展的丰富信息，但不一定每个日常生活行为均有意义，因而教师应选取重要、有意义的插曲或事件来做轶事记录。由于重要、有意义的插曲或事件通常是偶发性的，教师平常应准备一张张个别的卡片以记录偶发事件。卡片可选取市面上出售的数据卡，不必重新设计，教师可在卡片的左上角写下学生姓名、观察地点，右上角写下观察日期与时间、观察者，再于卡片中详细记录事件的发生过程，并尽可能记下语言、非语言信息，最后写下教师对此事件的解释。

米勒等人提出了轶事记录的五个撰写原则：（1）叙述简单、具体。依据插曲或事件扼要、具体地描述，切勿流于冗长。（2）描述事件情境。简明地描述学生的所说或所做及事件发生的情境，如：今天在游戏场，甲生和乙生正在选择加入哪一支垒球队，此时丙说："我想加入甲那一队，守一垒。否则我就不参加。"（3）勿撰写类推性的描述性轶事。教师应用一般话语来描述具体行为，避免月晕效应，如"今天在游戏场，丙生又表示要坚持用她自己的方式行动"。（4）勿撰写评价式的轶事。教师不应进行价值判断，不应直接判断该行为可接受或不可接受、好或坏，如"丙生今天在游戏场的表现是自私的和爱捣乱的"。（5）勿撰写解释型的轶事。教师应描述具体的事件情境，不应解释行为的原因，如"丙生无法和他人玩得很好，因为她是被过度保护的独生女"。可见，轶事记录应先客观描述事件，不宜直接对事件进行类推、价值判断或原因解释。

轶事记录应将客观描述的事件、行为意义的解释分开叙述，每一项轶事记录应分开记录在不同卡片上，便于今后教师依据学生行为发生的顺序或类别进行整理。

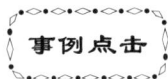

事例点击

大雄的创意造词记录

下表的"大雄的创意造词记录"中，教师由此记录发现李大雄虽然语文成绩欠佳，但在造词方面颇具创意。

表 2 - 12　大雄的创意造词记录

姓名：李大雄		时间：2010 年 5 月 1 日 10 时
地点：教室		观察者：王老师
事件： 　　上课时，出了一个"＿＿天＿＿地"的填字游戏，同学们均兴高采烈地念出自己的答案：技安念出"谢天谢地"，宜静念出"惊天动地"，阿福大叫"欢天喜地"，大雄则很小声地说"天天扫地"。大雄说完后，其他同学捧腹大笑，他则露出相当尴尬的表情。此时，我引导学生思考"天天扫地"是否通顺、是否合理。在发现大雄的答案相当有创意后，全班同学给了他一个爱的鼓励，大雄露出自信的笑容。		
解释： 　　大雄平时语文成绩不佳，这使得他在造词方面没有信心，念出答案时相当小声，且面对同学们的大笑更显退缩。但当教师澄清后，大雄很快重拾了信心。此事件显示大雄的造词颇具创意。		

再来谈谈轶事记录的改善原则。

轶事记录若能针对缺点予以改善，仍能提供有效的佐证数据以提高评价的效度。兹综合李坤崇，陈英豪与吴裕益，Linn 与 Gronlund，Linn 与 Miller 提出的改善原则，阐述如下：

1. 事先决定拟观察行为，并对异常行为提高警觉

教师应依据教学目标、评价目的与评价行为，选择贴切的评价方法。若难以用其他评价方法而必须采取直接观察时，则可采取轶事记录。教师记录前，应事先决定可直接观察的具体行为；教师在实际观察时，必须保持弹性与警觉性，当学生出现偶发行为之后，立即在卡片上详细记录事件。

2. 分析与避免观察记录的可能偏见

教师实施轶事记录前应详细分析观察记录的可能偏见，如性别、对学生的先前认知的月晕效应、因人格特质衍生的个人偏见或将无关特质相连的逻辑谬误。教师可针对上述偏见，逐一提出改善策略，以避免造成观察的误差。

3. 详细记录有意义行为的情境数据

因学生行为随着情境而改变，若仅叙述行为而无具体的情境数据将难以阐述行为的意义。如甲生推乙生，可能是因为好玩、吸引别人注意、愤怒或敌对，判断时必须依据发生地点、两生的平日互动、动作的时机、动作的后续反应等，正确解读动作的意义。

4. 尽可能在事件发生后立即记录

教师在教室或校园中看到学生有意义的行为，通常无法马上记下所有细节，然而时间拖得愈久，遗忘的重要细节内容就愈多。较合理的做法是在事件发生时做简短扼要的摘记，尤其是重要细节，如语言信息或肢体语言，待有空、下课或放学后再做详细完整的记录。

5. 记录事件应力求简单明确

简单明确的扼要记录，不仅可减少教师的记录时间，亦可节省阅读时间。这里的简单明确的记录，必须包括事件发生的地点、学生说了什么、学生做了什么，但不必记录概括性的没有显著特点的典型或习惯性行为，且解释事件时不宜过度解释推论或加入情绪字眼。

6. 事件的描述与解释应分开记录

描述事件时，教师仅需忠实地记录事件发生的时间、地点，学生的语言、非语言信息或其他具体情境，无须做任何的解释、推论。记录必须精确、客

观，不加任何判断字词，避免使用愉快、害羞、伤心、敌意、固执等词汇来叙述。事件解释则可融入教师的个人判断，虽然教师不一定要对每一事件加以解释，但若欲解释，必须将事件描述与解释分开，方不致混淆不清。

7. 正向、负向行为均应记录

教师通常较容易留意课堂违规的负向行为，而较容易忽略安静守秩序的正向行为，使得轶事记录较常出现消极负向的事件。教师观察学生行为时，应特别留意积极正向的行为，并给予学生即刻的鼓励，这样不仅可鼓励学生表现出正向行为，更可给表现出负向行为的学生指出努力方向。

8. 推论学生典型行为前应收集足够的轶事记录

单一偶发行为难以解释学生的学习结果，学生常因情境改变而表现出极端不同的行为反应，如学生有时高兴、有时悲伤，有时满怀自信、有时自我怀疑，仅从单一事件无法正确评价。欲推论学生的典型行为或评定学习结果，应累积足够的轶事记录或其他佐证数据，方能对学生学习与发展状况进行正确评价。

9. 记录前应有充分练习的机会

大部分教师在选择、判断重要偶发事件、抉择事件意义、客观并简洁扼要地描述事件时均必须经过充分练习，甚少有教师不经练习便能运用自如。教师记录前应接受适当的训练，在有经验教师或专家的指导下练习，并就练习结果逐一检讨改善，这样就将随着练习次数的增加而日渐熟练。

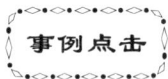

事例点击

表 2 - 13　小学三年级"小华报告"轶事记录

姓名：李小华		时间：2002 年 9 月 27 日 10 时
地点：三甲教室		观察者：欧老师
事件： 　　上课时，老师请各组讨论班级公约的内容，并要求讨论后各组都派一名代表报告。		

小华代表该组报告，他迟疑地说："要遵守校规，要遵守班级规定……"其他组同学纷纷指出："报告内容应该是公约的内容，而不是校规、规定。"小华站在台上有些不知所措，接不上话。老师此时及时伸出援手，先赞美小华所说的遵守校规、班规也算是班级公约的一种，再请他继续说出小组内讨论的内容。小华继续慢慢地说："爱惜公物、友爱同学、尊敬师长、准时不迟到、遵守规……"他逐渐露出得意与自信的笑容，报告完后面带笑容地坐下了。
解释： 　　小华平时上课发言的机会不多，很少主动发表意见，小组讨论的参与度也不高，今天难得被小组指派为代表上台报告。他显得迟疑与自信心不够。所以当其他组同学提出质疑时，他站在台上就有点儿退缩，不敢继续说下去。经老师鼓励，他开始慢慢说出组内讨论内容，重新在脸上露出笑容。此事件显示小华逐渐能明确表达团体成员及自己的想法和感受。
分享：

（三）游戏化评价

我国学者李坤崇认为[①]，随着课程改革的不断深化，多元评价渐受重视，中小学纷纷采取过关评价、分站评价、踩地雷、猜猜看、填空高手等评价形式，因其较传统的测验更具游戏化，故有些教师称之为游戏化评价。然而分析其评价方式，不外乎评定量表、检核表、口语评价或档案袋评价，可见常见的游戏化评价其实均为系列表现性评价。因此，李坤崇以系列表现性评价泛称中小学常用的过关评价、分站评价、游戏化评价或其他的表现性评价。

李坤崇认为，一般学生听到评价就想到纸笔测验，想象自己在一张白纸上奋斗的情景，如果教师告诉学生"我们来玩游戏"，学生一定眼前一亮，表情欣喜若狂。因此，教师若能设计游戏化评价，不仅能激发学生的参与兴趣，

---

① 李坤崇. 学业评价：多种评价工具的设计与应用［M］. 上海：华东师范大学出版社，2016：229.

更能让学生在游戏中评价、在游戏中成长。特别是对那些语文程度较低、语言表达能力较弱的学生，难以靠纸笔测验、专题报告或档案袋评价来评价时，系列表现性评价（如游戏化评价）相当适用。如对小学低年级学生较难实施纸笔测验、专题报告或档案袋评价，可采用活动化、游戏化的系列表现性评价方式，设计过关游戏或分站活动，从实作活动、游戏中来评价学生达成预期学习目标的程度。总之，系列表现性评价能让学生积极参与实作活动。身临其境通常对学生极具吸引力，无论是哪一教育层次的学生，均喜欢系列实作活动而非呆板的纸笔测验或其他评价方式。

第三章

学习评价实施需要什么评量工具

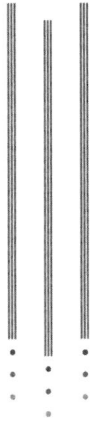

为了衡定学生学习达成目标的程度，我们需要对学生学习的情况进行测定。用什么"工具"去测定才是最适合的呢？这就涉及根据评价目的、按照某种方法的特性去选择和开发评价工具的问题。

为了衡定学生学习达成目标的程度，我们需要对学生学习的情况进行测定。用什么"工具"去测定才是最适合的呢？这就涉及根据评价目的、按照某种方法的特性去选择和开发评价工具的问题。

一、 纸笔测试卷的编制

纸笔测试卷是各种各样考试最常用、最主要的评价工具，从国际、国内大型的质量监测和选拔考试，到教师日常的随堂考查，几乎都会用到它。考试是评价的一种手段、一种形式、一种组成部分。格朗兰德曾提出"关于评价一般原理"的 5 条建议[①]，其基本框架是：明确考试评价的目的——想想考试用来做什么；确定考试的内容领域——考什么内容；明确考试评价的目标行为——预期参加考试人员会有什么变化；选择考试的方法；选择与发展考试工具。下面我们只就后面两个环节，从方法和工具的角度讨论纸笔测试卷的编制。

（一）纸笔测试方法的分析

1. 明白纸笔测试不适用的学习结果

考试方法主要是根据考试目的、内容及目标来选择的。格朗兰德用列表比较的方法，告诉我们需要用非书面方法加以评价的学习结果，从而厘清纸笔测试的适用范围。

表 3 - 1　需要用非书面测验方法评价的学习结果

学习结果	表现行为
技　能	说、写、听、读、操作实验、绘图、演奏乐器、跳舞、体操、工作技能、交际技能等

---

① N. E. 格朗兰德. 教学测量与评价 [M]. 郑军，等，译. 石家庄：河北教育出版社，1991：216.

续　表

学习结果	表现行为
工作习惯	有效计划、利用时间、利用设备、利用资料，表现出下述品质：积极性、创造性、持久性、依赖性等
社会态度	关怀他人、遵守纪律、信守诺言、对社会问题敏感、关心形势、乐于为社会进步做工作
科学态度	思维开放、善于提出假设判断、分析原因与结果的关系、敏锐、乐于提问
兴　趣	对教育、工程、美学、科学、社会、创造、职业等的情感表达
欣　赏	对自然、音乐、艺术、文学、体质技能、杰出的社会建筑等表露的满意与高兴的感受
适　应	与同学的关系、对表扬与批评的反应、对领导的反应、情绪稳定性、社会适应性

2. 学习目标与评价方法的优化组合

不同的目标具有不同的学习过程和条件，评价它们的内容、标准和方法也应当不同。如表 3 - 2 所示。

表 3 - 2　学习目标与评价方法的组合[①]

评价方法 学习目标	选择式 反应评价	论述式 评　价	表现性 评　价	交流式 评　价
知识和观点	选择题、正误判断题、匹配题和填空题能够考查对知识点的掌握程度	可以测量学生对各个知识点之间的关系的理解	不适用于评价这种学业目标——优先考虑其他三种方法	可以提问，评价回答，并推断其掌握程度，但是很费时间

---

① RICHARD J STIGGINS. 促进学习的学生参与式课堂评价 [M]. 国家基础教育课程改革"促进教师发展与学生成长的评价研究"项目组，译. 北京：中国轻工业出版社，2005：77.

续　表

评价方法　　　学习目标	选择式反应评价	论述式评价	表现性评价	交流式评价
推理能力	可以评价某些推理形式的应用	对复杂问题解决的书面描述，可以考查推理能力	可以观察学生解决某些问题或通过成果推断其推理能力	可以要求学生"出声思考"或者通过讨论问题来评价推理能力
表现性技能	可以评价对表现性技能的理解，但不能评价技能本身	可以评价对表现性技能的理解，但不能评价技能本身	可以观察和评估这些技能	非常适于评价口头演讲能力；还可以评价学生对技能表现的基础知识的掌握
产生成果的能力	只能评价对创作高质量产品的能力的认识和理解	可以评价对产品创作的背景知识的掌握情况；简短的论文可以评价写作能力	可以评价创作产品的步骤是否清楚，产品本身的特性	可以评价程序性知识和关于合格作品的特点的知识，但不能评价作品的质量
情感倾向	选择性反应问卷可以探测学生的情绪情感	开放式问卷可以探测学生的情绪情感	可以根据行为和产品推断学生的情感	跟学生交谈，了解他们的情绪情感

3. 比较纸笔测验常用题型的特征

纸笔测验常见的试题类型有其使用时机、优点与限制，下面比较选择题、是非题、配合题、简答题（填充题）、论文题等常用题型的一些特征。

表 3 - 3　纸笔测验常见试题类型的比较①

题型	使用时机	优点	限制
选择题	当正确答案为唯一，且相对有几个似是而非的答案	题意较是非题、简答题（填充题）清晰明确 适用于不同层次学习结果的评价 具有诊断效果 修改选项可提高鉴别度或调整难度 计分迅速、客观	评价能力限于文字层次，较不适合评价数学、自然与生活科技领域的解决问题技能 高质量的命题不易，寻找具有诱答力的选项不易 评价辨识答案，而非产生答案 无法评价组织、发表的能力
是非题	当选项只有对/错或事实/意见两种状况	适合于评价易于产生理解误区的观点 适合评价辨认因果关系的概念 较其他类型易于命题，且适合多数的教材内容 计分迅速、客观	作答最易受猜测因素影响，信度较低 通常仅能评价记忆或理解层次的学习结果，难以评价高层次的认知 试题鉴别度较选择题差 学生易形成偏"答对"或"答错"的反应倾向 命题或批阅欠佳时，易流于琐碎、误导或抹杀创意
配合题	有很多相关的事实或概念，拟评价其关联	可在短时间内评价大量相关的事实或概念信息 计分迅速、客观	难以评价高层次的认知能力 寻找性质相同的事实或概念不易 评价辨识答案，而非产生答案
简答题	所需要的是一个清晰简短的答案	评价答案产生，不受猜测影响	难以评价高层次的认知能力 计分费时、较不客观

---

① 李坤崇. 教学评估：多种评价工具的设计及应用 [M]. 上海：华东师范大学出版社，2011：51.

续 表

题型	使用时机	优点	限制
论文题	评价高层次的认知能力，如组织概念形成确切答案	可评价高层次的认知能力与学习结果 对学生提供的解答线索最少，且评价答案产生不受猜测影响 较能评价整个思考历程 促进学生认识、统整和表达自己的观念 增进学生的写作能力	计分费时、较不客观 计分标准较其他类型较难 拟题数较少，内容取样较不具代表性，可能造成内容效度降低 评分者间信度较其他类型低 作文能力和虚张声势可能干扰所欲评价的学习结果

（二）纸笔测试卷的总体设计

1. 明确测验目标

要根据教学大纲的要求去确定测验目标，应以测验学生的基本知识、基本理论和基本技能为主，注重学生分析问题和解决问题的能力以及理论知识的应用能力和科学创造能力。

整份试题的结构要有合理的目标层次。一份试卷中，试题一般应包括三个至五个层次水平。例如，根据布卢姆的有关分类，结合我国教育的实际，我们将试题分为如下五个层次：一是知识；二是理解；三是简单应用；四是综合运用；五是创见。各层次试题的比例可根据不同课程的特点和要求而具体确定。

2. 题量要大，覆盖面要宽

测验是从课程全部内容中抽取部分样本考查应考者对本门课程的掌握情况，从课程中抽取的样本数量越大，试题越有代表性。因此，一般而言，题数多一点儿比题数少一点儿好。为了确保测验题目的代表性，提高测验的内容效度，要扩大考查面，各章、各节，各方面知识都兼顾到。同时，要突出重点，加大重点内容题量和覆盖密度，做到试题的测验重点与课程教学的重点相一致。

3. 掌握好试题的区分度和难度

试题的区分度尽可能大，应基本上能区分出考生的上、中、下三种水平。从总体上说，平时用功、复习所花时间多、水平较高的考生应考出高分数，而平时不用功、复习所花时间少、水平较低的考生应考低分，中等生应考出中等分数。试题应把不同水平考生在相同知识点上掌握程度的差异区分出来。试题难度的掌握，大体上可分为较易、适中、较难和最难四等，在一般情况下，较易的试题占 20％左右，适中和较难的试题各约占 30％，最难的试题约占 20％。

4. 题型尽量多样灵活

一套试题的题型一般不少于四种，分配比例要恰当，客观题占 60％左右，主观题占 40％左右，题型尽可能灵活多样。要灵活运用教材中已阐明的原理或公式，联系实际命题，以便于考查学生了解和应用知识的能力。一道题，既可以只测验一个知识点，也可以测验不同章节的几个知识点；对于同一个测验知识点，也可以从不同角度选用不同题型去编制试题。①

5. 每道试题的编写要讲究科学性

试题的内容要正确，不能出现知识性的错误。有争议的问题不要编入试题；文字表达明确、简练、规范、通顺，标点符号正确；图表清晰，计算条件充分；不能出现语法上或用词上的错误；试题的分值要合理；各题必须彼此独立，不出现相同或近似的试题，不要出现相互暗示或相互启发现象。

6. 制定标准答案、评分标准和评卷的具体要求

标准答案应具体明确，正确无误，答案各层次的分值要标明。试题赋分通常采用难度赋分法和时间赋分法，即：试题难度较大，须花较长时间回答，分值应高一些；反之，分值应低一些。对答案的评分要求也要加以说明。

7. 拼卷和检核

拼卷一般以题型为顺序，由易到难，由客观题到主观题，由短答案题到长答案题排列。检核的内容主要有：试题能否测到命题双向细目表中的各项目标和内容；试题的表述是否明确、科学；分值是否合理；试题的题型和编

---

① 胡中锋. 教育测量与评价（第二版）[M]. 广州：广东高等教育出版社，2006：84—86.

排是否合理；难易程度是否适合；试卷的长度与作答时间是否相符；试题的标准答案是否正确、明确。

（三）各种题型编制的要求

先说客观测验的题型。

1. 是非判断题的编制要求

陈述简洁明了；

应由单一的命题构成；

尽量避免使用否定句，尤其是双重否定句；

所给出的命题有一定迷惑性；

试题"正确"与"错误"的题数大致相同，以随机排列方式呈现。

如：请判断下列各项陈述是否正确，正确的在括号里打"√"，错误的在括号里打"×"。

1. 只有一对对边平行的四边形是菱形。（　　　）

2. 各种植物的生长都离不开光合作用。（　　　）

3. 某数的 80% 是 200，那么该数比 200 小。（　　　）

2. 选择题的编制要求

题干意思要准确、清晰，并能表达一个确定的问题；

备选项中的干扰项有一定迷惑性；

各试题之间保持互相独立；

同一试题的选择项形式上协调一致；

备选项表述尽量精练，避免出现重复词语；

题目应避免类似于"以上全部正确"或"上述都不正确"的选择；

正确答案的呈现应当是随机的；

备选项一般为 4 至 5 个。

如：1. 下列盆地中，位于地势第一级阶梯上的是（　　　）。

A. 四川盆地　　　B. 塔里木盆地

C. 柴达木盆地　　D. 准噶尔盆地

2．下列范畴属于生产关系范畴的有（　　）。

A．生产劳动中的主体和客体

B．人们在生产过程中形成的交换与分配的关系

C．产品的数量和质量的关系

D．生产资料的所有制关系

E．人们在生产体系中所处的地位

3．匹配题的编制要求

指导语必须明确、清晰；

问题组与备选项目各自是同质的；

反应项数目应多于前提项数目；

试题形式与内容表述要简单明了；

同一组的反应项和前提项要印在同一页试题上。

如：认真阅读下列书名和作者，从右边的反应项中选出一个最适合的，并填写在左边前提项的括号里。

将选中的作者姓名前的编号填在相应书名前的括号里。

书名（前提项）　　　　作者（反应项）

（　　）《家》　　　　1．鲁迅　　2．郭沫若

（　　）《子夜》　　　3．茅盾　　4．老舍

（　　）《阿 Q 正传》　　5．巴金

再说主观测验题型。

4．填空题的编制要求

确保只有一个正确答案；

待填的内容应当具有重要或关键意义；

不应从教材上抄录原文作为题目；

每题以填 1—2 个空为宜，切忌过多留空，使句子支离破碎；

如要求填写经计算得到的数值时，应当规定预期的精确度。

如：我国共有_____个民族，其中_____族人口最多。

完形填空：

Mr. Robinson had to travel somewhere on business，and as he was in a hurry，he decided to go by ___1___. He liked sitting ___2___ a window when he was flying，so he got onto the plane，looked for a window seat. He ___3___ all of them taken except one. There was a young man ___4___ beside it, and Robinson was surprised that he had not taken the one by the window. Anyhow，he went towards it.

1. A. air　　　　B. water　　　C. train　　　D. bus
2. A. on　　　　B. nearly　　　C. beside　　　D. far from
3. A. wanted　　B. found　　　C. thought　　D. hoped
4. A. seating　　B. seated　　　C. seat　　　D. sat

5. 简答题的编制要求

考查重要的内容和较高的认知水平，不宜只考查记忆；

问题措辞明确简洁，指出所期望的要求（如范围、容量和精度等）。

如：1. 名词解释

生产力：

实践：

2. 直接问答题

"西安事变"发生在哪一年？

3. 列举题

请列举我国古代的四大发明。

4. 简要说明题

请简要说明唐朝兴盛的原因。

5. 简要分析题

形形色色的生物究竟是怎样由地球上最初的原始生命演变而来的呢？科学家进行了长期的探索。目前，已发现了许多关于生物进化的新证据，这将使人们对生物进化的认识不断丰富和深入。

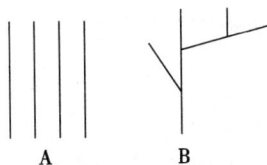

（1）通过学习，你认为上图中的哪个图更能形象地表示生物进化的大致历程？

（2）关于生物进化的原因，人们提出了各种解释，其中被人们普遍接受的是 19 世纪英国生物学家提出的学说。请简要回答该学说的主要内容。

6. 论述题的编制要求

题意明确，不产生歧义；

设置新的问题情境，考查高层次的认知水平；

设问应富有启发性，使学生有发挥余地；

问题不宜过于空泛或烦琐，应突出重点；

解答要求与评分规则要明确。

如：1. 口头形式的限制性反应论述题

说说两次国共合作的异同点。

2. 书面形式的限制性反应论述题

简述第一次世界大战给人类带来的灾难（100 字以内）。

3. 扩展性反应论述题

驳 "没有共产党的领导我国也能实现四个现代化" 的谬论。

4. 综合论述题

19 世纪末 20 世纪初，民族资产阶级由于自身经济力量的增长，要求建立一个符合自己阶级利益的政权，在中国迅速发展资本主义，挽救空前严重的民族危机。民族资产阶级的上层，因为同帝国主义、封建势力的关系比较密切，保持着较多的联系，因而选择了不流血的手段；而下层，因为同帝国主义、封建势力关系比较淡薄，选择了革命的道路。

（1）材料中的资产阶级上层在这里主要指的是哪个派别？为挽救危机掀起了什么运动？（4 分）

（2）材料中的 "下层" 在这里指的是哪个派别？掀起了什么运动？（4 分）

（3）在此期间，另一挽救危机的是哪个运动？领导阶级是什么？（4 分）

（4）上述各阶层救亡的结果如何？从结果中你得到什么启示？（8 分）

最后谈情境性测试题型。

7. 情境性测试题的编制要求

情境性测试题是依据一定的真实环境或虚拟情境设置的，有时需要背景材料做支撑，因此，在编制时应注意以下几点：

第一，情境的设置应以教学目标为依据，而且必须符合学生现有的身心特征。情境材料选择的适当与否，直接关系着情境试题的质量优劣。如果所选择的情境材料偏离了教学目标，编制再好的试题也无济于事，达不到评价的真正目的。另外，教师还应根据学生现有的身心特点，选择符合学生现有程度和实际生活中的材料，这样才能提高试题的质量，使评价有效地进行。

事例点击

小学五年级的一道数学题[①]

百姓超市食品的单价

面包（个）	单位（元）	饮料（瓶）	单价（元）	零食（袋）	单价（元）
果酱面包	2.80	可乐	4.80	话梅	3.90
切片面包	3.20	橙汁	2.50	乌梅	6.40
香肠面包	3.50	椰汁	3.50	橄榄	10.20

学校组织学生到天生园艺参观，小敏用 15 元钱买了一个面包、一瓶饮料、一袋零食，小敏可以怎样买？每种买法要用多少钱？（每人至少写 3 种购买方案，多写一种加 2 分）

这就要求学生全面观察，广泛联想，多方面、多角度、多层次去思考。这道题符合学生身心发展特点，有助于学生发散性思维能力的培养，也有助于满足学生的差异发展要求。

第二，所选择的情境材料应具有可读性、趣味性，内容也应具有新颖性。为了评价学生复杂的学习结果，情境材料不应只是重复学生已熟悉的材料内容，而应是具有新颖性的材料。这些材料可从有关的报纸、杂志、课外读物里挑选，使其符合学生现有的阅读水平，内容应简短、清楚，富有教育意义和趣味性，可读性应较强，这样可以有效地拓宽学生的知识视野，有利于学生对知识的整合、应用和迁移。

第三，情境材料所涉及的文字、数字、图表、图片等应印刷清晰，而且应准确无误。背景材料中，有关的文字、数字、图表等都应印刷清晰，正确无误，易于辨认，这样可以有效地减少因印刷不清而造成的阅读困难，便于

---

① 陈华忠. 让试卷成为乐园［N］. 小学教学改革与实验（数学版），2005—01—10.

学生的阅读和提高学生作答的效率。

第四，试题数目的多少应与所提供情境材料的长度相应。在编制试题时，应根据情境材料的长度来设计试题的数目。如果材料简短却提出过多的问题，或者让学生分析一篇相对较长的材料而只提一两个问题，显然，效率都是很低的，不经济，同时不能达到评价的目的。

（四）编制纸笔测试卷的注意事项①

1. 试题数量要适当

一份质量较高的试卷，必须保证试题数量适当。如果试题数量太多，学生可能在规定时间内完不成试卷，影响考试的效度；相反，如果试题数量太少，不能全面覆盖考试范围，同样会影响考试的效度和区分度，最终影响考试目的的达成。编制试题，首先要控制好试题的数量。试题总量到底多少合适，并没有硬性规定，教师要根据考生的实际水平、考试的目的及考试时间来确定。

2. 试题类型要多样

学生的发展是多方面的，不同领域的发展水平需要不同的检测形式。如果试题类型太单一，容易影响试卷的效度。只有试题类型多样化，才能从知识与技能、过程与方法、情感态度与价值观多维度地对学生进行全方位的评价。此外，也只有多类型的试题，才能为学生提供广阔的思考和发展空间，以培养学生多方面的能力和素质。

3. 试题覆盖面要广泛

考试的目的是全面了解学生的学习状况和教师的教学状况，进一步激励学生的学习热情和改进教师的教学策略，促进学生的全面发展。为此，试题必须做到覆盖面广泛，避免以偏概全、以点概面。如果试题覆盖面太窄，既会影响试题的效度，也可能导致对学生的不公，考试结果也不能真正为改进教学服务。

---

① 李玉芳. 如何进行学生评价［M］. 上海：华东师范大学出版社，2014：129-132.

4. 试题内容要综合

试题覆盖面要广，强调试题要涉及考试规定的所有领域，但这并不意味着是不同领域内容的简单罗列和机械堆积。而且，一次考试也不可能把学过的所有内容全部囊括进去检测一遍。在确保试题覆盖面广的同时，要注重试题内容的综合性，即把相关的测试内容整合在一起，把对知识的检测和对能力的检测进行整合，把对智力因素的评价和对非智力因素的评价进行整合。只有这样，才能真正评价学生的综合素质，才能实现新课程所倡导的"三维"评价目标。

```
事例点击
```

题目：给妈妈过生日①

任务描述：妈妈为了我们的成长付出了很多努力，我们每个人都应感恩妈妈。妈妈的生日快到了，利用我们手头的钱，给妈妈买份礼物，祝妈妈生日快乐！

提示：①你要知道妈妈的生日是哪一天；②你要确定给妈妈送什么礼物；③你可能要到商场查看礼物的价格；④你要统计自己手里有多少钱；⑤如果你想买的礼物价格超出了你有的钱，你该怎么办。

要求：根据提示，写一篇短文，描述你完成任务的过程，要有必要的计算过程。

如果用传统的考试法，案例中的问题可以设计成一个很传统的数学减法问题，距考查"综合素质"还相差甚远。而将题目设计成表现性任务，考查的东西就丰富多了。不仅有统计方面的知识，而且这样一个贴近生活的问题会让学生感到很亲切，愿意积极地去完成它，问题的答案也因为个人情况的不一样而变得丰富多彩。学生要完成这个任务，必须对整件事情做全面考虑，对数学的理解和应用能力将得到进一步加强，最后描述完成的过程既考查了学生的思维过程，又考查了学生的语言表达能力。另外，这道题目也蕴含了中国人的"孝道"教育。当然，教师应提醒学生，礼物有价，感情无价，给妈妈过生日重在表达对母亲的热爱和感恩，不必买昂贵的礼物。

---

① 梁金华. 表现性评价在中小学数学教学评价中的应用研究 [J]. 教育教学论坛，2013 (29).

5. 命题内容要开放

以往的测验命题主要是局限于书本上的现成知识，是一种封闭性的命题。这种命题是远离学生生活实践的"象牙塔式""学理式"的命题，学生需要做的也只是运用书本知识解决书本式的问题。这样的命题不但不能测量学生运用知识的实践能力，反而抑制了学生实践能力和创造能力的发挥，这是与新课程的培养目标和评价理念相悖的，因此，必须加强测验命题的开放性，加强测验命题与学生现实生活的联系，尤其是对综合实践活动的评价，更应注重命题的开放性。

二、 检核表与等级评定量表

传统纸笔测验通常只有一个正确的答案，评分者可以根据它来迅速而"客观"地判断学生的回答是对还是错。表现性试题由于其任务的情境性、开放性和复杂性，往往具有多种答案，学生表现水平也具有更多的层次。因此，对其进行评价必然包含必要的主观判断，不能像传统的客观纸笔测验那样可以完全通过机器进行评分。为使判断合理、公平和公正，需要事先开发能记录和衡量学生表现特质的工具。

（一）检核表及其适用范围

1. 检核表的意义

检核表也称检查表、核查表，是最简单的评分记录工具。它是一个包含了学生的各种表现特征的简单列表。检核表通常将一系列观察的特质或行为列出，观察时只对某项特质或行为做"有"或"无"、"是"或"否"的判断，而不关注表现的质量水平。当你想观察行为或评价学习结果的时候，检核表是非常有用的，尤其是将其用来进行同伴观察或学生自我评价的时候。检核表适合于判断动作技能，如检查学习者操作一种机器以及确定某一行为是否出现；也适合于判断学习过程或结果中的某些关键要素是否具备，如确定学生研究项目中是否包含了所要求的各个要素。[①]

在设计检核表时需要做到以下两点：一是确定一个成功的行为表现应当有哪些重要元素；二是将这些要素按照它们可能出现的次序进行排序。当预期行为可能重复出现的时候，常用频率表来加以补充，为记录时间提供一个空间。

就功能而言，检核表是依据教学或评价目标，先将学生应有的、可观察的具体特质、行为或技能，依照发生的顺序或其他逻辑规则逐一详细分项，并以简短、明确的行为或技能描述语句来列出行为或技能标准。之后请检核者（包括教师、家长或学生）就学生的实际状况依序勾选，以逐一评定学生行为或技能是否符合标准。检核表不仅具有诊断性，亦可重复再使用，以评估学生的进步情形。它提供学生行为的详细记录，让学生充分了解自己的行为或技能现状，并诊断其有待改善之处。同一份检核表可用于不同学生，或同一个学生在一段时间过后再次使用。若运用同一份检核表每隔一段时间重复进行评价，可评估学生随着时间的推移其进步情况。[②]

2.检核表的类型

检核表通常有以下几种类型：

程序检核表。程序检核表评价学生在程序中或过程中是否遵循合理的步骤。这种检核表包括对可能出现的错误或不合理的步骤的描述，也包括对正确步骤的描述。

作品检核表。作品检核表主要关注的是学生制作的作品的质量。作品包括图画、模型、小论文以及学期论文等。这些检核表明确了作品应具有的部分以及其他关键特性，教师可以检查每一个作品是否呈现出这些特性。

行为检核表。行为检核表包括一系列与学生表现相关的特定领域的可分离行为。比如，明确学生在口头语言表达中的语音、语义等方面的表现，或明确学生在特定学习领域中的行为习惯的表现等。

---

① 周文叶.中小学表现性评价的理论与技术［M］.上海：华东师范大学出版社，2014：112.
② 李坤崇.教学评估：多种评价工具的设计及应用［M］.上海：华东师范大学出版社，2011：175.

事例点击

三个有代表性的学习检核表

表 3 - 4　学生课堂学习行为检核表

目　标　行　为	行为出现情况	
	有	无
认真听课		
独立思考		
举手回答教师提出的问题		
完成教师布置的课堂学习任务		
参与学生的小组讨论		
提出学习中的疑难问题		

表 3 - 5　使用显微镜的检核表①

没有观察到	观察到	观察项目
		用透镜纸擦载玻片
		将一两滴培养液放在载玻片上
		加几滴水
		将载玻片放在架子上
		旋转到低倍镜
		用一只眼透过镜片观察
		调整镜片
		旋转到高倍镜
		调整到最大

---

① 加里·D 鲍里奇. 有效教学方法（第四版）[M]. 易东平，译. 吴康宁，审校. 南京：江苏教育出版社，2002：395.

表 3 - 6　小学数学二年级下"三位数加法"观察检核表①

姓名：　　　　小组长：　　　　总分：		
说明：请在每一个项目右边对、错对应的方框内打"√"以评价三位数加法的计算能力。		
检核表内容：	对	错
一、抄录对位		
1. 正确抄录横式题目	☐	☐
2. 把加数与加数的个位数对齐	☐	☐
3. 把加数与加数的十位数对齐	☐	☐
4. 把加数与加数的百位数对齐	☐	☐
5. 正确写出"＋"	☐	☐
6. 在加数下面画一横线	☐	☐
二、运算过程		
1. 由个位数栏加起	☐	☐
2. 正确写下个位数相加结果的个位，置于横线下的个位字段位置	☐	☐
3. 结果超过十，在下面那个加数十位数附近标示记号	☐	☐
4. 将十位数栏的数相加	☐	☐
5. 正确写下十位数相加结果的个位，置于横线下的十位字段位置	☐	☐
6. 结果超过十，在下面那个加数百位数附近标示记号	☐	☐
7. 将百位数栏的数相加	☐	☐
8. 正确写下百位数栏相加结果的个位，置于横线下的百位字段位置	☐	☐
9. 百位数栏相加结果超过十，将"1"置于横线下的千位字段位置	☐	☐

---

① 李坤崇. 教学评估：多种评价工具的设计及应用 [M]. 上海：华东师范大学出版社，2011：176.

续　表

三、抄录答案		
1. 将答案写在横式"＝"右边	☐	☐
2. 正确抄录直式运算结果	☐	☐
注：本检核表依据教师教学过程设计，若教学过程与上述不同，宜另行设计。		

3. 检核表的编制

①确立行为目标。教师编制检核表，宜先了解评价领域。若评价领域为行为或技能检核，则颇适于运用检核表；若为态度或情意领域，则较适于运用评定量表。再依据教学目标、教材内涵与学生状况来确立评价目的，目的宜具体明确，并尽可能设计双向细目表让评价架构更加完善。②列出行为或技能标准。确定评价目的后，教师要将学生应具备的具体化和可观察的特质、行为或技能详细分项，按照发生顺序或其他逻辑规则排列，并以精简语句来列出行为或技能标准。③确定检核者，拟定指导语与编辑检核表。实施检核前应先确定检核者为教师、家长、同学还是学生自己，教师应尽可能让家长、同学、学生自己参与观察检核，这不仅可以减轻教师的工作负担，还可让其他人从参与中了解教学过程并且相互反馈。④进行检核表的计分。检核表的计分宜以增强学生学习信心为原则，从宽计分与解释。具体方法：一是呈现总分，依据检核表中的行为标准数目量化换为百分制，转换时可分为基本分、无基本分两类；二是呈现整体等级，是指教师事先设定评定学生表现的等级标准，后依据这一等级标准评定整体等级；三是呈现各个检测项目对错，这是指教师仅检核各个检核项目对错，不呈现总分或整体等级，此种未经转换的呈现方式让学生将注意力置于各个项目的对错，不会因注意总分或整体等级而忽略个别表现。若教师检核仅供学生自我了解检核结果，此种呈现方式颇为适用。

【事例点击】

学生学习的自我检核表（帮助学生进行自我评价）

为了使学生在学习活动中所开展的自我评价更有针对性，能密切结合学生的学习实际，同时具有较强的可操作性，美国教学评价专家莱姆利奇曾建议利用表格的方式，把重要的学习表现列出来，让学生对自己的学习情况一一进行评价。表3-7列出一些有关学习技能的自我检查内容，可以作为教师指导学生开展自我评价的参考。

表3-7　学生自我评价核查表

自　我　检　查　内　容	是	否
1. 我做好自己的学习计划吗？		
2. 我对老师布置的作业理解了吗？		
3. 我在学习中需要帮助吗？		
4. 我可以帮助别人吗？		
5. 我对当前的学习任务感兴趣吗？		
6. 我对自己的学习成果满意吗？		
7. 我能独立完成作业吗？		
8. 我对所有的学习内容都掌握了吗？		
9. 我比以前进步了吗？		
10. 有不足的方面要弥补吗？		

通过回答这些问题，学生能够非常具体地反思自己的学习情况，深入核查自己在每一个方面的表现，逐渐学会独立地开展自我评价。教师还可以根据教学的实际需要，设计含有不同问题的表格，让学生自己填写。

（二）等级评定量表的编制

评定量表类似检核表，是用来判断过程和成果的一种评价工具。评定量表与检核表的主要差异是：检核表仅仅提供"是"或"否"的二分法判断，而评定量表不仅提供简单的"是"或"否"的二分法判断，还提供评定某个表现的频率、表现行为的特质。

1. 等级评定量表的意义

检核表帮助我们评价是否呈现一个指定的步骤、一个具体的特性，或是一个具体的行为。而等级评定量表，能评价学生的表现已经达到哪个程度。也就是说，当我们需要对某个表现的特质做出程度上的评定时，就需要运用等级评定量表。

评定量表是指一组用来作为判断依据的行为或特质，及能指出学生在每种属性中不同程度的量表，可用以评价学生的学习态度、策略与兴趣，或人格、情意发展状态。评定量表的外观、运用方法与检核表颇类似，两者的主要差异在于判断的"形式"：评定量表评定行为或特质时依各项的出现频率或程序评定"等级"，而检核表则是评定各项行为或特质"是否"出现。评定量表、检核表可兼采用"教室或家庭观察"，以评价学生日常生活的实践情形。

一些研究者认为，等级评定量表具有下列三个重要的功能：一是可将观察方向导引至具体、明确界定的行为或特质层面；二是可提供一个共同的参照构架，即以同一组特质来比较不同学生的情况；三是可提供记录观察者评判结果的简便方法。[1]

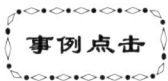

事例点击

两个等级评定量表的例子

表 3 - 8 口头报告的等级评定量表

	5＝优异	4＝中上	3＝普通	2＝中下	1＝很差
材料与主题的相关性					
演讲流利					
身体姿势自然					
使用正确的语法					
与听众保持交流					

---

[1]　李坤崇. 教学评估：多种评价工具的设计及应用 [M]. 上海：华东师范大学出版社，2011：148—149.

表 3 - 9　学生学习互助行为评定表

学习互助行为	评定等级				
回答同学提出的问题	1	2	3	4	5
给缺课的同学讲解课程内容	1	2	3	4	5
与同学一起解决难题	1	2	3	4	5
向他人介绍学习方法	1	2	3	4	5
借给他人学习用品	1	2	3	4	5

1＝很不好　2＝不好　3＝一般　4＝较好　5＝很好

2．等级评定量表的种类

等级评定量表根据所使用的目的和量尺类型的不同，可以分为数字型评定量表和描述型评定量表两类。

数字型评定量表是将学生某种行为出现的频率用数字来代替。

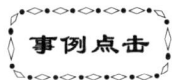

事例点击

表 3 - 10　学生参加课堂讨论的数字型评定量表

说明：根据学生课堂讨论时表现的行为特质程度选择适当的数字。 1＝从未，2＝很少，3＝偶尔，4＝总是				
能积极主动地参加课堂讨论	1	2	3	4
对别人的观点能做出及时反应	1	2	3	4
能提出与众不同的观点、见解	1	2	3	4

对数字型评定量表评定结果的处理，最简单的做法是将评定量表评定的数字直接加起来，得出总分，再除以评定量表的评分总数（例如：每题有四个评分项目，最高评 4 分，一共 10 道题目，则评定量表的评分总数是 $4 \times 10 = 40$ 分），得到一个百分比值，这个值即可作为评定结果的量化指标。

描述型评定量表是使用简短的描述性语句来评定学生实际表现水准的一

种评价工具。如对学生记笔记的行为可以用"经常""偶尔""很少""从不"几个词语来进行描述和记录。

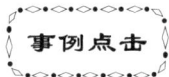

事例点击

使用图表（含描述型图表）形式的例子

表 3 - 11　小组合作中人际技能图表等级量表

1. 学生与小组其他成员互动良好？

　　　从不　　很少　　偶尔　　经常　　总是

2. 在表达自己的观点和看法时，学生是否能感受到其他人的反应？

　　　从不　　很少　　偶尔　　经常　　总是

3. 学生的行为对小组其他人是否具有破坏性？

　　　从不　　很少　　偶尔　　经常　　总是

表 3 - 12　小组讨论描述型图表等级量表

1. 学生参与小组讨论的程度如何？

　从不参与，　　　和小组里其他成员有　　　比小组里其他成员

　非常被动　　　　同样的参与程度　　　　参与得都多

2. 在讨论中，学生的议论在多大程度上与主题相关？

　意见杂乱，　　　意见通常是切题的，　　　意见一直与

　跑题　　　　　　但偶尔跑题　　　　　　主题有关

其他意见：

3. 等级评定量表的适用领域

等级评定量表可用于评定广泛、多样的学习结果和身心发展的方向，一

些研究者将等级评定量表的使用领域分为"过程或程序评价""结果评价"两类。[①]

① 过程或程序评价

在某些学科或学术领域中,学生成就透过实作来表现,如朗诵或演讲能力、解决数学复杂问题能力、演算复杂物理问题能力、操纵实验设备能力、遵循正确实验流程能力、唱歌或演奏乐器等能力,均难以用单一结果或作品来评价,而用简短回答或固定反应的纸笔测验亦难以充分测量能力,因此,必须依据"实作程序"来观察与评定学习结果。研究者认为:评定量表特别适用于"过程或程序评价",因为这种评价可观察每位学生相同行为的表现,也可用共同的量尺记录、评定学生学习结果,若能以具体、明确的学习结果来编制评定量表,"具体的评价向度与行为描述"可使学生清晰了解教师期望其表现的行为,且量表本身即为良好的学习指引或教学计划。

教师采用此种量表时,应首先收集文献资料并且善用教学经验,深入剖析评价主题应包含哪些行为或特质,适用于何种年龄、何种程序的学生,方能适切编制评定量表。

② 结果评价

若学生实作行为产生某些作品或结果,则宜采用结果评价,如写作能力宜直接评价所完成的作品,不太需要观察、评价写作的过程。然而有些能力,如打字、木工、砌砖、缝纫等,学习初期宜先评价过程,待熟悉基本的动作或技巧后才评价作品或结果。结果评价适用范围颇为广泛,诸如书法、素描、绘图、笔记、学期报告、读书心得、实验操作结果以及制作特定课程主题报告,均适于采用结果评价。

评定量表的结果评价与过程或程序评价相同,均可观察每位学生的作品表现,用共同量尺评定学生学习结果,且编制量表呈现"具体的评价向度与作品或结果属性描述",可使学生清晰地了解教师期望其表现的作品或结果,使量表成为良好的学习指导或教学计划。

有些作品或结果较适宜就"整体质量"来评价,而不宜分成各个层面来

---

① 李坤崇. 教学评估:多种评价工具的设计及应用 [M]. 上海:华东师范大学出版社,2011:151—154.

评价，如书法、国画或其他美术作品，可依据作品等级顺序排列，或与预先编制的"作品量表"比较。"作品量表"指一系列的作品样本，且每件样本均详细评定，并分别代表不同等级或程序的质量。教师实施评价时，必须将学生作品与"作品量表"比较，找出此学生作品与"作品量表"某一等级或程序相当的质量，作为决定等级或程序的依据。

结果评价量表可用于鉴定任何作品或结果的特质，但评价必须顾及教学目标、评价目的、学生年龄与程度，且教师一般很难找到可用的现成的结果评价量表，通常需要自行开发属于自己的结果评价量表，因此，教师较少使用结果评价量表。

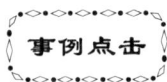

事例点击

三个等级评定量表的例子

表 3 - 13 单元学习等级评定量表（情感态度与价值观部分）

学号：05　　　　　　　姓名：×××

评价标准		等级			指导建议
		A	B	C	
情感态度与价值观	E1 主动认真地学习本单元				*你能很好地把握文章的情感，并且在学习完一课后提出了一个问题。你能不能试着回答它？
	E2 喜爱阅读				
	E3 对问题有自己独到的见解				
	E4 能说出对课文中人物的感受				
	E5 体会作者的思想感情				*倾听他人意见固然是一种好习惯，但也要发表自己的看法，尤其是在大家面前发言。不要害怕组织不好语言或者说错，大胆一点儿，相信你一定行！
	E6 具有良好的阅读习惯				
	E7 语文学习的反思能力				
	E8 积极表达自己看法的同时，注意倾听他人意见				

单元学习反馈表是对学生本单元学习成果的综合评价。这种方式将定量评价与定性评价相结合，既对学生现有的学习水平按不同的评价项目做出了详细界定，又用定性的评价语言给出指导建议，指明了学生努力的方向。

表3-14　小学五年级语文记叙文教学单元"知识与技能评价项目"的等级评定表

评价项目		评价标准		
		十分满意（A）	基本达到标准（B）	尚须努力（C）
知识与技能	朗读发音正确，不读错字（K1）	能用普通话朗读课文，发音准确，几乎没有错字	普通话基本标准，有少量方言，有个别字读错	普通话不标准或有大量的字词错误
	朗读流利，吐字清楚，语速适中（K2）	十分流利，字音清晰，语速适中	基本流利，吐字清楚，语速稍快或稍慢	停顿过多，吐字不清或语速太快
	朗读时感情充沛，语调符合课文情境（K3）	根据课文情境有感情地朗读课文	感情不够	没有感情
	把握课文结构（K4）	准确地把握课文结构	基本把握课文结构，但对个别部分有偏差	对文章的结构把握不准
	理解含意较深的句子（K5）	准确地理解句子的含意，并能说出自己的感受	基本正确地解释句子的含意	对句子含意的理解错误
	用自己的语言表达对课文的理解（K6）	对文章的理解十分正确，还通过个性化的语言表达出自己独到的见解	能够用课文原文或者课堂中教师及同学的语言说出对文章的理解，虽没有个性化的语言，但意思基本正确	对文章的理解表达得不清楚或理解错误
	辨别人物描写的不同方法（K7）	正确地辨认语言、行为、神态描写	基本可以辨认不同方法，只有个别错误	无法辨认两种以上的描写方法
	理解不同表达方法在课文中的作用（K8）	在辨认描写方法的基础上，理解作者运用这种方法所表达的含意	只理解句子在文中的含意	不理解运用此种表达方法的作用

表 3－15 小学综合活动学习领域"漂亮一下"评价单①

____年____班　　学号：_____　　姓名：_____

小朋友：请你真实记录"未来两周"，下面 20 个项目做到的情形（标准看下面说明）。在"学生自评"下面的位置打"√"，自评后请家长复评，最后请教师总评。

评价项目 右边做到情形的标准如下： 做得很好：每天都做到 已经做到：一周有五六天做到 已有进步：一周有二到四天做到 继续努力：一周只做一天或都没做到	学生自评				家长复评				教师总评			
	做得很好	已经做到	已有进步	继续努力	做得很好	已经做到	已有进步	继续努力	做得很好	已经做到	已有进步	继续努力
1. 服装整齐、清洁	好	好	好	好	好	好	好	好	好	好	好	好
2. 仪表整洁	好	好	好	好	好	好	好	好	好	好	好	好
3. 按学校规定穿着服装	好	好	好	好	好	好	好	好	好	好	好	好
4. 会自己整理服装	好	好	好	好	好	好	好	好	好	好	好	好
5. 每天起床后刷牙	好	好	好	好	好	好	好	好	好	好	好	好
6. 饭后会刷牙漱口	好	好	好	好	好	好	好	好	好	好	好	好
7. 保持头发整齐	好	好	好	好	好	好	好	好	好	好	好	好
8. 每周最少洗两次头发	好	好	好	好	好	好	好	好	好	好	好	好
9. 不做不文雅的动作	好	好	好	好	好	好	好	好	好	好	好	好
10. 不随便挖耳朵	好	好	好	好	好	好	好	好	好	好	好	好
11. 不随便挖鼻孔	好	好	好	好	好	好	好	好	好	好	好	好
12. 会整理自己的盥洗用具	好	好	好	好	好	好	好	好	好	好	好	好
13. 会整理自己的书桌	好	好	好	好	好	好	好	好	好	好	好	好
14. 抽屉内的用品摆放整齐	好	好	好	好	好	好	好	好	好	好	好	好
15. 书包内的用品摆放整齐	好	好	好	好	好	好	好	好	好	好	好	好

① 李坤崇. 教学评估：多种评价工具的设计及应用 [M]. 上海：华东师范大学出版社，2011：158.

续 表

16. 走路抬头挺胸	好	好	好	好	好	好	好	好	好	好	好	好
17. 走路不勾肩搭背	好	好	好	好	好	好	好	好	好	好	好	好
18. 每天洗澡	好	好	好	好	好	好	好	好	好	好	好	好
19. 脱下来的衣服会摆放整齐	好	好	好	好	好	好	好	好	好	好	好	好
20. 不乱做鬼脸	好	好	好	好	好	好	好	好	好	好	好	好
家长的话												
老师的话												

（三）开发量表的注意事项

无论是检核表、各种类型的等级量表，还是评分规则，都有其所短和所长，教师在选择和开发评分工具时，要根据评价的目的、评价任务的复杂程度和评分工具的性质选择最适当的一种。表 3 - 16 罗列了与各种测试题类型相匹配的评分方法。

3 - 16 不同种类评价的评分方法选择[①]

测试题类型	可选择的评分方法
多项选择题、是非题、匹配题	正确答案的要点
简答	列出所需要的合格答案和关键点
小短文	关键点的核查表 评价组织性、清晰性和全面性的等级量表 质量评价的评分规则
反思和自我评价	应有要点的核查表 评价质量和组织的等级量表
案例分析	调查资料的核查表 学生理解程度的等级量表

---

① Katherine Cennamo，Debby Kalk. 真实世界的教学设计 ［M］. 蔡敏，等，译. 北京：中国轻工业出版社，2007：56—58.

续　表

测试题类型	可选择的评分方法
展示	分步核查表 评价质量的等级量表或评分规则
学习者自己设计的教学（个人或小组的发言、录像等）	重要特征的核查表 评价质量的等级量表或评分规则
作品开放	重要特征的核查表 等级量表
演讲	等级量表
档案袋	需要找证据的核查表 等级量表

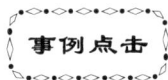

事例点击

含有量规（评价规则）的两个等级评价表

表 3-17　小学生信息技术能力评价量规①

	基本描述	评价细则	优	良	中	差
操作系统	基本理解操作系统的属性，能使用操作系统	1. 打印 2. 文件管理，保存、移动、删除文件，建立文件夹 3. 添加/删除程序 4. 会使用剪贴板 5. 能对桌面进行操作，清楚外围设备的位置，会使用屏幕保护程序				

---

①　胡中锋.教育评价学［M］.北京：中国人民大学出版社，2008：125—126.

续　表

	基本描述	评价细则	优	良	中	差
文档编辑	能完成基本的文字处理； 能够使用画图工具创作图片阐明自己的观点	1. 格式化文本（字体、字号、字体颜色、字体效果和对齐方式） 2. 能够使用标尺和制表符排列文本 3. 能够进行拼写检查 4. 能复制、粘贴和编辑文本 5. 能够使用画图工具画线、画图形和图案				
搜集资料	使用电子媒体搜集信息； 了解地区网络法规	1. 从 CD—ROM 里搜集信息 2. 从 WWW 搜索引擎做一般性的搜索 3. 在 WWW 或图书馆里使用在线分类卡				
组织和数据分析	能使用已有数据库组织和分析数据； 能使用已有的电子制表软件组织和分析数据	1. 根据提供的数据，会建立电子表格 2. 从已存在的数据库或电子制表软件分类和过滤数据 3. 会查看和打印数据库里已存在的报告 4. 会把外部文本导入到已有的数据库或电子制表软件里				
作品介绍或成果展	能够使用模板或向导建立作品介绍	1. 输入、编辑、格式化文本 2. 选择和使用作品介绍模板 3. 能向观众展示自己的作品介绍 4. 会改变背景颜色 5. 向自己的作品介绍中添加图片				

表 3 - 18　研究性学习的活动评价表[①]

评价内容		自我评价（对照项目评价）	协作者评价（判断评价是否正确）	教师评价（判断评价是否正确）	加分（教师审核）
提出研究主题	研究主题具有新颖性、创新性。（2分）特别新颖的主题，教师决定是否再加2分。	2	2	2	2
	为提出主题查阅了资料，有比较多的资料。（2分）长时间搜集到很多资料，并提供给同学加2分	2	2	—	2
	找到了合适的协作者（2分）（不同班加1分，不同年级加2分）	2	—	—	2
	确立主题前与协作者充分协商	2	2	—	—
	设计了初步研究计划。（2分）有详细的计划时，由教师决定是否再加2分	2	2	—	2

（四）评分规则的开发与应用

在基督教教会的界定中，一项"规则"（rubric）就是"一条指示或一系列指令"，一般用红色字体印刷，解释礼拜仪式如何进行。实质上，"规则"是解释一场演出应该如何正确表现的指令或指导方针。更通俗地说，它是一种评分方法，可以让判断者（教师或其他人）识别学生如何有效地完成指定的任务。[②]

---

①　武健. 在研究性学习中使用"量规表"进行评价 [J]. 教学仪器与实验，2002（X2）.

②　比尔·约翰逊. 学生表现评定手册：场地设计和前景指南 [M]. 李雁冰，等，译. 上海：华东师范大学出版社，2001：122.

1. 评分规则的定义

评分规则也称评价规则。在表现性评价中，研究者对评分规则的界定可以说是见仁见智。但细究这些定义，本质上并无差别：评分规则描述了和标准相关的、期望学生达到的表现水平，告诉评价者应该在学生的作品中寻找什么特征或标志，以及怎样根据事先制定的规则评价这个作品。[①]

实际上，在日常教学中经常会使用评分规则，许多教师对它并不陌生，比如在学生演讲比赛中用以对学生的表现进行评分的分项目打分表实际上就是评分规则的一种形式。但由于传统上对这种评分方式的研究非常少，而且表面上看这种评分方式比较依赖于评分者的主观判断，似乎缺乏准确性、科学性，因此绝大部分教师并不熟悉其在学生评价中的运用。

2. 评分规则的结构

一个完整的评分规则由四个部分组成：表现维度、表现等级、描述符和表现样例。表现维度呈现了这个表现最关键的组成要素。表现等级是指描述表现在质量上从差到好的序列。描述符描述了各个等级上表现质量的各个具体指标。表现样例是与每一个等级相符的表现实例。

表现等级，也叫作"成就水平"，是用数字（如1、2、3、4、5）、字母（A、B、C、D、E）或如高、中、低之类的文字描述的等级或水平，表示学生表现的水平，一般有3～6个级别。表现等级要注意彼此之间的连续性，也就是说等级和等级之间在质量上的差异是相等的：5分和4分之间的差别与2分和1分之间的差别在程度上是相同的。描述符是用语言陈述的、达到某一等级或水平的具体表现，描述符应当反映某一水平的表现的重要特质。

另外，一个完整的评分规则通常还会提供表现样例，即符合评分规则中某一等级的描述的实例，如学生在具体评价任务中的表现或者学生作品。具体样例能够为评分规则的目标用户（如教师、学生）等理解和运用评分规则提供支持。[②]

---

① 周文叶. 中小学表现性评价的理论与技术［M］. 上海：华东师范大学出版社，2014：117.
② 周文叶. 中小学表现性评价的理论与技术［M］. 上海：华东师范大学出版社，2014：117.

3. 评分规则的类型

评分规则多种多样，可以依据不同的标准来进行分类。按照评价的方式分，评分规则可分成整体评分规则和分项评分规则；按评分规则的适用范围分，评分规则可以分为通用评分规则和特定任务评分规则。我们这里介绍最具适用性的整体评分规则和分项评分规则。

整体评分规则是对整体行为表现不同水平的描述，实际上就是把学生表现的重要因素综合起来，并描述出不同的水平，然后给出一个总分。使用这些整体评分规则时，评价者要综合考虑规则中的各因素，对这些因素进行总体权衡，最后再给出一个最能概括整体表现水平的总分。

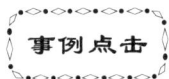

事例点击

表 3-19　口头表达的整体评分规则[①]

评分标准	评分规则
5＝非常好	学生能清晰地陈述研究的问题，充分说明该课题的重要性；用重组的具体信息来支撑其结论；报告很精彩且句子结构准确无误；口头陈述的过程中与观众一直都有眼神的交流；从陈述中可以清楚地看出其对课题做了充分的准备、合理的安排，抱着极大的热情；有效利用视听工具来辅助其陈述；能用具体适当的信息清楚地回答听众的提问
4＝很好	学生能陈述研究的问题并证明其重要性；有足够的信息来支撑其结论；报告及其句子结构基本正确；从陈述中可以看出其对该课题有所准备、有所安排，抱着一定的热情；提到和使用了有关的视听工具；能清楚地回答听众的提问
3＝好	学生能陈述其研究的问题并做出自己的结论，但论据不够充分；报告及其句子结构基本正确；有一定的准备和安排；提及了辅助的视听工具；能回答听众的提问

---

　　① Grant Wiggins. 教育性评价［M］. 国家基础教育课程改革"促进教师发展与学生成长的评价研究"项目组，译. 北京：中国轻工业出版社，2005.

续 表

评分标准	评分规则
2＝欠缺	学生提出了研究的问题但不能完整地陈述；没有得出解决问题的结论；报告及其句子结构能够让人理解，但存在一些错误；没有做很好的准备和安排；或许提到了辅助的视听工具；基本能回答听众的提问
1＝差	学生做了陈述，但没能概括研究的问题或没有提及重要性；研究的课题不明确，也没有得出充足的结论；报告令人费解；没有做相应的准备和组织工作；不能或只能结结巴巴地回答听众的提问
0	无任何口头表达的尝试

分项评分规则是将要评价的表现分解成几个要素或维度，对它们分别做出评价，对每一项要素进行单独评分。如，我们通常根据计算的正确性和对计算解释的清晰程度对一个数学任务进行评分；根据事实的准确性、分析的质量以及结论的合理程度来对实验报告进行评分；依据组织能力、观点的质量、表达的清晰度和细节描述等方面对一份文学评论进行评分等。评分者进行评价时，对不同要素进行单独评分。例如，一篇文学评论可能在观点的组织上得 3 分，在表达的清晰度上得 5 分，等等，这样就容易发现学生表现在具体方面的强项和弱项。

4. 评分规则的应用[①]

评分规则即评价规则。评价规则是课堂评价行使教学监察权利的尺度、法规，课堂评价通过评价规则制动课堂教学的目标走向和良性运转，监管着课堂教学的内部秩序和学习质量。课堂评价伴随课堂教学始终，评价规则在不同的学习阶段发挥着不一样的功能。

学前：评价规则是学习指导。评价规则是学习目标的精细化，具体定义为"目标是什么"及"怎么做才算达标"，因此，学习指导是评价规则的应有之义，包括目标指导和学法指导两重作用。首先，教师需要指导学生准确理解目标内涵和达成目标的重要意义，通过分析学生现有水平，明确学生达到

---

① 卢臻. 课堂评价的枢纽：评价规则的产生、开发及应用 [J]. 教育测量与评价（理论版），2014（8）.

目标水平的可能性和挑战性，激发他们实现目标的自我效能感和"跳起来摘桃子"的自我成就感。其次，教师指导学生掌握实现目标的一般路径，通过具体交流"怎么做"和"做到什么程度"，学生可以构建学习路线图，并将自己带入具有体验性和过程性的学习情境之中，自主展开探究性的学习活动。

学中：评价规则是学习规范。学习的过程就是学生遵循评价规则勾画的路线图探索目标的过程，能否如期抵达学习目标，取决于学生是否自觉运用评价规则规范地自主学习。自主学习是一种开放性的对话实践，是学生同新的世界（文本）对话，同他人对话，同自我对话。在学生充分理解、接纳、运用评价规则的前提下，评价规则能够控制对话围绕目标而非随意"闲扯"，管理对话内容逐步深入而非停留表层，规范对话的方式方法符合学习的逻辑、规律，等等。尤其在小组讨论中，评价规则能够适时提醒学生修正讨论的方向、内容、程度，实现学习与评价的整合、同构。

学后：评价规则是学习评估。其实，评价规则无论在哪个学习阶段中的运用都带有评估的性质。学前，学生根据评价规则，针对自身能力、经验、以往绩效等进行评估，衡量现有水平与目标水平之间的距离，激发自我效能感；学中，学生边学边评估，依据评价规则自我调节、促进、完善的过程就是评估的过程，学习即评价，这两个阶段的评估伴随学习始终，具有形成性、发展性；学后的评估则具有总结性、诊断性，是课堂教学结束后对学习结果的整体测评。

三、 档案袋的制备[①]

档案可依其评价和使用目的的不同而有其重点和组织结构，因而档案袋评价可用学生不同形式的表现和作品来呈现。例如，作文、书籍阅读列表、期刊阅读记载、相片、音乐或戏剧表演的录像带、科学实验的报告、外语发音录音带、数学问题的解答及诗的创作。

---

① 李坤崇. 学业评价：多种评价工具的设计与应用 [M]. 上海：华东师范大学出版社，2016：190—199.

（一）档案袋评价的类型

1. 成果档案

成果档案运用于班级情境时，可展示学生汇总的优秀作品或成果，展示的主题由教师与学生决定，可选择一个主题、多个主题或一系列的核心主题。此种档案常展示于亲子座谈会、家长教学参观日，或教师在职进修的工作坊或研讨会，以达到相互观察与学习的效果。

教师通常先决定学生必须熟练掌握的学习任务，再让学生自行决定与选择，汇总优秀或满意的作品成为成果档案，以此作为达成学习任务的证明。成果档案展现学生个人独特气质、达成学习任务的程度或富有创意的学习结果，教师仅扮演辅导者，引导学生从不同角度做更适切的思考与表达。参观成果档案的观众包括教师、家长和学生，教师宜引导学生考虑三种不同身份者的需求与观察向度，激励其更周详地表达与呈现。

虽然成果档案可让学生展现其学习成果，表现其能力与天赋，但仍有下列两项限制：（1）从缺乏过程的作品中难窥努力与成长过程：档案展示以呈现优秀作品为主，使得他人未看到学生由起点到终点的整个学习过程的努力与成长。（2）难以建立评价的标准和规范：档案展示重视个别差异与学生创意的发挥，这使得各档案均具特色，难以找到共通的评价标准与规范，所以评定档案时宜以文字来叙述，或依据评定量表或检核表来评定学习结果。

2. 过程档案

过程档案着重呈现学生学习过程中有关进步、努力与成就的观察和记录。如学生作文的过程档案会完整呈现整个写作过程所用的稿纸，从大纲、草稿、初稿到完稿的写作过程数据均予以呈现，而成果档案则着重呈现完稿的写作成品。过程档案体现了师生依据特定目的而收集的学生的数据或作品，而且这种收集是有计划、有系统的，只要是师生讨论后认为与学习过程有关的数据或作品均可被纳入，如计划初稿、不同意见、出乎意外的结果或连续性的各项讨论记录。

过程档案可为一个单元的档案、一个专题研究的档案 、系列核心主题的档案、定期学习状况的档案及整个学期或学年学习成果的档案。教师要求学生制作过程档案时，应告知其目标、范围、完成期限或其他注意事项，学生方能恰切制作。

过程档案能提供丰富、动态的过程数据，不仅有助于深入了解学生学习过程，还具有诊断功能。学生制作过程档案，通常必须回答下列问题：

（1）在整个制作档案过程中，希望达成的目标是什么？

（2）制作过程档案的计划或步骤是什么？

（3）从制作过程档案中获得了什么？

（4）未来可有改善之处？

（5）制作整个过程档案后，往后应该努力做什么？

因此，学生必须反思制作过程档案的过程，增强自我反省能力。过程档案的成果搜集事项大部分由学生决定，教师仅从中协助而不介入。学生在制作过程档案时可能遗漏某些本该是评价的重点的内容，教师可以在实施过程评价时列出参考重点供学生参考。

过程档案涉及整个学习过程，使得评价颇为不易。欲有效评价学生成长，必须合理规范过程档案的呈现重点。一份过程档案至少应包含形成观念的初步草稿、同学评论后的修改稿和最后定稿三种记录。过程档案旨在评析学生的进步和成长，因此评价重点有二：一为过程档案过程的开始和结束；二为学生对学习改善或进步程度的反省。

过程档案与成果档案均难以建立评价的标准与规范，但过程档案的数据较多，使得评价较成果档案费时费力。如果不想费时费力，教师可事前设计检核表或评定量表，可参与学生讨论，用听来评价，亦可纳入学生自我评价，即学生先初评，教师再复评。

3. 评价档案

评价档案指教师先依据教学或评价目标来设计学习内涵与评价标准，再要求学生就学习内涵与评价标准着手收集或制作档案，后依据评价标准实施评价。在此过程中，教师可将档案内涵与评价标准具体化，可引导学生系统地检视、反省作品，以此来提高评价的效度。教师能否设计出符合学生兴趣与需要的学习活动，且每个学习活动是否能给学生提供发挥创意的空间，乃评价档案成败的关键。

成果档案和过程档案是在班级中普遍使用的，而评价档案通常用于班级间或学区间比较。

评价档案虽具有标准化衍生的优点，但具有下列限制：（1）学生自主空间较成果档案、过程档案小，学生创造力稍受限制；（2）学生可能依据评价标准收集或制作档案，而忽略评价标准之外的重要数据；（3）学生依循学习内容制作，教师难以窥知学生的思考过程；（4）学生必须承担的档案成败的责任较成果档案、过程档案小，难以培养其自主负责的精神。

4．综合档案

汉德森主张综合档案应包含两类以上的文件类型，阿特等则认为综合档案乃团体的学习档案。汉德森强调教师有时为了某些教学目标或评价目标，应综合两种以上的文件类型，即制作综合档案。综合档案在实际应用时虽较有弹性，但因兼顾数项目的，使得实施需要花费较多时间和精力。因此，教师必须先充分掌握综合档案的使用目的，方能有目的且有系统地搜集学生有意义且有代表性的作品和表现，以利于评价目标的达成。阿特等强调综合档案旨在有目的地收集和保存"一组学生"在某领域的作品或表现，它强调团体的学习档案，如一个班级的学习档案或一个学校的学习档案。

（二）档案袋结构

档案袋评价内涵的呈现方式可采用结构式、半结构式或非结构式的方式，具体采用哪种方式，应根据学生的年龄、认知程度、经验而定。通常学生年龄较低、认知程度较弱或无制作学习档案的经验时，以采用结构式为佳；但若学生年龄较大、认知程度较佳、已有制作学习档案的丰富经验，则以采用非结构式为佳。

·结构式档案袋评价

结构式档案袋评价指教师提供给学生档案主题、档案重点、各项重点的学习单，给予学生明确的指导，学生可以依据学习单内涵充分发挥、展现其学习成果。采取这种方式的优点是教师给予学生高度指导，而学生依循学习单内容逐一完成即可达到教师要求，因此较易制订评价标准，且较易实施评价。

·半结构式档案袋评价

半结构式档案袋评价指教师仅提供给学生档案主题、档案重点，而由学生自行规划呈现学习重点的内涵与形式。与结构式档案袋评价相比，学生更容易发挥自己的创意。运用此方式时，学生必须具备设计学习单、规划学习重点的经验，否则将茫然无所适从。

·非结构式档案袋评价

非结构式档案袋评价指教师仅告知学生档案主题，而不告知档案重点与学习单，由学生自行决定档案重点，自行规划呈现学习重点的内涵与形式，完全依据自己的创意呈现学习结果。运用此方式，学生必须具备半结构式档案袋评价的经验，且学生必须年龄较大、参与程度较高。

（三）档案袋运用

档案袋评价可用来评价学生的应用、推理、分析、综合、评鉴等高层次认知行为，读、说、写或其他实作技巧，作文、各种报告、美术、音乐作品或其他艺术科学作品，以及学习态度、兴趣、学习动机、努力情况、求知精神等。采用档案袋评价方式，可参考以下几个原则：

·档案袋评价必须与教学相结合

教师采用档案袋评价时，应将教学与评价紧密结合。若档案离开教学，就仅是学生个人兴趣的收集，失去了对教学的意义。因此，教师运用档案袋评价时，必须明确指出其与教学目标、教学内容的关系。

·档案袋评价应与其他评价并行

档案袋评价具有目标化、过程化、组织化、多元化、个别化、内省化、整合化等特质，可兼顾过程与结果的评价，兼顾认知、技能与情意的整体学习评价，可获得更真实的评价学习的结果。它有这样几个优点：以呈现多元数据激发创意，以动态过程激发学习兴趣，培养主动积极的学习精神，增强自我反省能力、沟通表达与组织能力，增进各类人员的沟通，等等。另一方面，它有这样几个不足：增加教师批阅时间，增加教师工作负担，评价易流于不客观与不公平，易受学生语文程度、表达、组织能力的影响，易受"月晕效应"以及家长参与程度不同的影响，等等。因此，档案袋评价不应作为评价学习结果的唯一评价工具，必须辅以其他评价方式或工具，如传统纸笔测验、口试或公开展示等。其中，口试能减少学生假手他人或抄袭他人的机会，并增加学生分享与观摩学习的机会，可多加运用。

・档案袋评价应实施多次、阶段性的协助或省思

档案袋评价是教师依据教学目标与计划，请学生在一段时间内主动收集、组织与省思学习成果的档案，以评定其努力、进步、成长情形的过程。学生经过长期的资料收集之后，若教师能分成几个阶段来讨论、检视学生的进度与状况，阶段性地呈现作品或交换同学心得，并施以即时的协助或评价，可更精确地掌握学生学习过程，诊断学习问题，提高档案的质量，促进学生的成长。

教师引导学生进行档案检视与省思时，可采用定期或不定期的方式；省思人员除学生本人外，尚可包括小组、全班、教师、家长；省思内容可包括学习过程与技巧、改变与成长、优缺点、改进目标、作品选择或比较、档案内容与程序。

・档案袋评价应顾及可使用的资源与学生家庭背景的差异

教师实施档案袋评价时，应首先了解以下内容：学校或网络可用资源，学生必须花费的人力、物力、经费与时间，家长、学生、学校对档案的接受度或支持度。如某教师设计"美的飨宴档案"，请学生参观文化中心的绘画个展，但学校距离文化中心甚远，使得家长质疑此活动的合理性。因此，决定档案内容时最好能在学校邻近小区取材。若学校计算机颇为普及，则可引导学生从网络取材。另外，档案制作与学生父母的受教育程度、学生父母对子女教育关心与投入的程度息息相关。若父母受教育程度高且重视子女教育，其通常会引导、协助档案制作，甚至代子女完成档案；而父母受教育程度较低或不关心子女教育，则通常不会给予子女协助。因此，教师在实施评价时应顾及学生家庭背景的差异。

・实施档案袋评价应采用渐进式、引导式实施模式

若中小学学生制作档案的经验甚少，为避免学生茫然摸索或一开始就遭

受严重挫折，教师应采取渐进式、引导式的实施模式，即先观摩档案范例，再小规模地制作档案，后较大规模地制作档案，并由技能型学科逐渐过渡到主要学科，但不可超出学生可运用资源的范围或让学生花费太多时间。在学生制作档案的初期，教师应对学生进行较多的引导，最好提供书面数据，讲解档案的学习目标、制作程序、制作原则、制作注意事项及评价方法与标准，让学生能深入了解档案制作与评价，减少忧虑与不安。

教师应与学生共同进行档案检视与分析，即针对档案制作的过程，采取定期或不定期的方式，与学生一起对档案进行分析与研究；可采取一对一（或小组）的方式；检视后宜定期与家长就档案内容讨论学生成长情形。

四、 调查问卷的设计与运用

问卷法也是教育评价中最常用的收集信息的方法，它具有效率高、所获得的信息便于进行定量分析等特点。在教育评价中，评价者常常采用问卷法了解教师对学校工作的看法或建议，了解学生对教师教学工作的反应等。

（一）问卷调查及其工具

1. 问卷调查的含义

问卷调查是一种研究方法，在教育评价中经常用来收集信息。问卷调查指的是通过设计系列问题，采用书面问卷的形式向被调查者了解某一问题的研究方法。问卷调查不受地点、时间和人数的限制，具有省时、节力、高效等特点，这使问卷调查成为教育教学研究中最基本、最常用的一种研究方法，也是教师常用的一种评价方法。通过调查，可以有效地获取学生学习技能、学习习惯、学习态度等方面的发展情况或弄清有关学生的某个问题。[①]

---

① 李玉芳. 如何进行学生评价 [M]. 上海：华东师范大学出版社，2014：23—26.

　　调查的对象主要是学生，此外，还可以是学生的家长、亲友、任课教师、母校教师和原班主任以及其他有关人员。具体调查哪些人员，要根据调查任务来确定。从调查内容来看，调查可以分为综合调查和专题调查。综合调查是为了了解学生德、智、体各方面发展变化的全面情况，以便教师制订教育教学工作计划。专题调查是为了了解学生个人或集体中发生的某个方面的问题，以便采取有效措施，有的放矢。

2．问卷调查的工具

　　实施问卷调查需要一种工具，就是以书面形式出现的"问卷"。因此，问卷是以书面形式事先设计好的系列问题的组合，它反映出调查者希望获得的信息。一般来说，一份规范的调查问卷主要包括标题、导语、个人基本情况、问题和结束语几部分。

　　① 标题。标题是整个问卷的浓缩，出现在问卷的开始。一般来说，标题要涵盖以下几方面的内容：调查目的、调查对象、调查内容等。标题一般要用中性词来简要概括调查目的，尽量不要用主观性和敏感性词语，以避免引起学生的消极情绪，最终影响调查结果。

　　② 导语。导语是整个问卷的开头部分，其作用是告知调查对象研究的意图与用途，交代清楚如何填写问卷，以避免误解带来的差错。如果问卷中涉及个人评价的一些问题，应写明"问卷仅为研究使用""问卷不需要署名""（调查者）负责保密"等解除被调查者顾虑的话，以提高答卷的真实性。

　　③ 个人基本情况。个人基本情况是根据调查目的需要被调查者填写的个人基本信息，一般包括性别、年龄、班级、兴趣爱好等内容，这部分要求填写的项目一般都是评价所必需的信息。

　　④ 问题。问题是整个调查问卷的主体，是调查指标的具体化，是被调查者所要填写的主要部分，也是评价者获得有用信息的最主要来源。问题的设计是调查研究的核心工作，是决定整个调查价值的关键。

　　⑤ 结束语。结束语在问卷最后，一般是对答卷者表示感谢之类的话语。

　　在调查问卷的所有内容中，最关键的部分是"问题"，在设计时，必须在如何提出问题上下功夫。

3. 问卷调查的用语要求

问卷中的用语问题可以说在某种程度上对问卷的有效性和可信度都有影响。

第一，问卷的导语要清晰、简洁，以简短的话语说明问卷的目的、作答方式以及所需要的时间。

第二，问卷用语尽量本土化。特别是当评价的对象是中小学生时，在问卷中一定不能出现太多的专业名词，也尽量不要使用复杂烦冗的表达或可能出现理解上的歧义、模棱两可的词语，这样不仅会使学生难以读懂题目，还会使其产生厌恶和拒绝的心理。以通俗的语言来提问，有利于提高受测者对问卷的接受度。

第三，设计问卷题目时，要避免使用情绪性词语，避免出现负载性问题、引导性问题、一题多问以及假设性问题。使用情绪性的词语容易使受测者产生情绪反应，相关的刺激和联想会使受测者的回答产生偏差。[①]

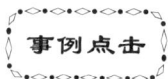

事例点击

两份主要呈现关键性"问题"的问卷

（略去附带部分）

表 3-20　中小学生综合素质发展评价问卷调查表

评价维度	关键表现	完全符合	比较符合	一般	不符合
道德品质与公民素养	1. 我积极参加社会公益活动，具有社会责任感，维护集体荣誉，热爱我们的学校。				
	2. 我维护社会公德，遵守交通规则，诚实守信，爱护环境，积极参与环保活动，具有环保常识。				

---

① 胡中锋. 教育评价学［M］. 北京：中国人民大学出版社，2008：110.

续 表

评价维度	关键表现	完全符合	比较符合	一般	不符合
学习能力	3. 我学习积极努力,有进取心,能克服困难,能自觉完成学习任务。				
	4. 我有自己的学习方法,喜欢与同学交流合作,善于倾听同学的意见,不断改进学习方法。				
	5. 我喜欢运用所学的知识与经验来解决学习中的问题,并对书本上的知识提出疑问,喜欢看课外书,喜欢上网搜集资料。				
实践能力	6. 我喜欢动手实验与探究,喜欢做手工,在科学课程、校本课程与综合实践活动课程里,我表现很活跃。				
审美与表现能力	7. 我经常参加艺术活动(也包括学校与社区、社会组织的表演、竞赛等),我热爱生活与自然中、科学中美的事物。				
运动与健康状况	8. 我热爱体育运动,积极参加学校的体育竞赛活动,心理健康,活泼开朗。				
	9. 学校经常开展各种体育、艺术、学科竞赛活动,我有很多展示自己才能的机会。				
自我认知与学校支持	10. 在学校学习生活很快乐,我很轻松、自信,学校有学生的心理辅导(咨询或交流)室与心理疏导老师。				
心理状态	11. 我有特长与爱好,我的综合素质比较高,我热爱生活,生存能力强。				

表 3 - 21   小学教师课堂教学表现评价表

评价项目	非常赞成	赞成	不赞成
1. 老师上课很认真，准备了图片、课件。			
2. 老师讲课能激发我们的兴趣，我们很爱学。			
3. 老师常用举例方式讲解，我们听得很明白。			
4. 老师能随时和我们讨论问题，并尊重我们的发言。			
5. 老师没有任何体罚或歧视我们的行为。			
6. 老师对我们比较真诚、热情。			
7. 老师布置作业不多、批改及时，我们是满意的。			
8. 听老师每一堂课我都有收获。			
9. 老师经常研究与教育教学有关的问题。			
10. 老师上课无迟到、早退、拖堂或无故缺课现象。			
11. 我欢迎老师继续给我们上课。			

（二）编制问卷的原则[①]

判断问卷编制成功与否有两条基本标准：一是问卷能否收集到调查者所希望了解的信息；二是被调查者是否乐于回答。因此，在编制问卷时应当遵循以下一些基本原则。

· 重点突出

问卷中所提的问题应与调查目的一致，突出调查的重点。除了少数背景性问题外，不应列入可有可无的问题。

· 结构合理

问卷中所提的问题应当符合逻辑顺序和被调查者的思维程序。一般的安排是先易后难，先简后繁，先一般后具体。一些被调查者不愿回答的敏感性问题，可放在问卷的最后。

---

① 金娣，王钢. 教育评价与测量［M］. 北京：教育科学出版社，2007：137.

· 问题明确，措辞得体

问卷中问题应当简明扼要，明确而无歧义。措辞力求通俗易懂，尽量不使用专业术语。语气要亲切，使被调查者愿意合作，乐于回答。避免设计带有导向性的问题。

· 问题的数量适当

对问卷的长度要进行控制，问题的数量应适当。问题数量过多，被调查者容易产生厌烦情绪，影响调查的质量；问题数量过少，则不能获得基本的信息。实践表明，回答问卷的时间一般不要超过 30 分钟。

· 便于处理

鉴于问卷调查所获取的信息量很大，通常要利用计算机进行处理。因此，问卷的编制应当有利于调查资料的编码、录入、汇总和处理。

（三）问卷中的问题呈现

问卷是由与调查目标紧密相关的系列问题组合而成的。问卷中的问题在表达和呈现形式上大致有封闭式、半封闭式和开放式三类。

1. 封闭式问题

封闭式问题是为答卷者提供可供选择答案的问题，答卷者只能从规定答案中根据自身的实际情况或主观感受选择自己认为合适的答案。封闭式问题具有信息比较集中、易于数据和资料的整理和统计、便于作答等优点。封闭式问题在问卷调查中是一种最常见的形式。具体说来，封闭式问题有以下几种。

① 判断式。即提供答案只有肯定和否定两种，如"是"或"否"、"对"或"错"、"喜欢"或"不喜欢"等。被调查者只能根据具体情况二选一。如下题：

您喜欢数学吗？

A. 喜欢   B. 不喜欢

② 选择式。即提供多种答案供被调查者根据自己的情况进行选择，选择数量调查者可做规定，也可不规定。如下题：

您喜欢的科目有：

A. 数学　B. 语文　C. 英语　D. 音乐　E. 美术　F. 体育　G. 劳技

③ 排序式。提供若干选项，要求答卷者按某种标准进行排序。如下题：

请按照您的喜好程度由高到低对下列科目进行排序：

A. 数学　B. 语文　C. 英语　D. 音乐　E. 美术　F. 体育　G. 劳技

④ 表格式。有些问题要求针对不同情况分别作答，而问题的答案都在共同范围内，为了表达简明，可采用表格式，答卷者只要在相应的表格内画对号就行了。如下题：

你喜欢数学课的原因是：

对数学本身感兴趣	
数学老师上课很有趣	
喜欢数学老师	
将来想当数学家	

2. 半封闭式问题

半封闭式问题对问题的回答做部分限制，另一部分让被调查者自由作答。一种是对答案做出限制，对内容不做限制；另一种是提供部分答案，让答卷者选择后再增加其他项目，如让答卷者阐述一下自己的意见或见解。如下题：

您阅读课外资料的途径主要有：

A. 图书　B. 杂志　C. 报纸　D. 网络　E. 其他

您除了与老师交流学习方面的问题外，是否还会交流其他方面的问题？如果会，请说明交流的话题。

3. 开放式问题

开放式问题要求答卷者自行作答，评价者不做回答限制，也不提供现成答案。

开放式问卷项目可归结为填空式、自由回答式两种类型。

① 填空式。填空式项目要求被调查对象在有关栏目后填入实际情况或看法。由于所填写的内容只是几个词或一句话，程度有限，因此又称为有限制的反应。如：

在日常学习生活中，你最关心的问题是＿＿＿＿＿＿＿＿＿＿。

② 自由回答式。自由回答式项目让被调查对象畅所欲言，自由发表意见。

因对答案的长度不做限定，故又称为无限制的反应。如：

你觉得学校最急需解决的问题是什么？

以上三种类型的问题各有其鲜明的特点和独特的功能。前两者指向比较集中、简单、易答，也方便数据统计和分析，而后者填写起来费时、费力，对答题者要求较高，结果统计难度也较大，但却有利于获得真实甚至是出乎意料的信息。设计何种类型的问题，需要调查者根据调查具体情况而定，如调查对象、调查目标、调查工具等。

┌──────────────┐
│ 事例点击   │
└──────────────┘

单元学习反馈表①

开放式问题不向受测者提供具体的答案，受测者根据问题以自己的语言和陈述方式自由回答。填空、讨论或简答都是开放式的问题。而开放式问题可以独立作为一个题目，例如："当你在课堂上听不明白老师所教授的知识，你会怎么办？"开放式问题也可以是包含在某个题目的一个答案中，就是在编制简答或填空题目时，采用一种不完整的表述，为受测者留下空白，可以继续对问题做补充。例如：

当你在课堂上听不明白老师所教授的知识，你会_____。（请选出你的回答或做补充）

A. 直接问老师　　　B. 向同学请教　　　C. 自己找书看

D. 忽略此内容　　　E. 其他

（请写出除以上选项之外的你的处理方式）_____

（四）问卷的投入与实施

问卷法的实施一般包括三项工作：选取调查对象、发放与回收问卷、问卷统计与分析。

1. 选取调查对象

鉴于问卷调查通常用于较大规模的群体，除了要根据调查的目的、内容

----

① 胡中锋. 教育评价学 [M]. 北京：中国人民大学出版社，2008：108—109.

确定调查对象的范围外，采用适当的抽样方法是重要的环节。为了使抽取的样本具有代表性，最常用的抽样方法是等距抽样和分层抽样。

等距抽样又称系统抽样或机械抽样。其具体做法是：先把被调查对象编上序号（也可利用现成的序号，如学号或工号）后，随机确定抽样的起点，以后按照固定的间隔（5 人或 10 人）进行等距抽样。等距抽样最显著的优点是抽样极其方便，适宜现场操作，并且所抽取的样本在总体中的分布十分均匀；其缺点是无法得到无偏的方差估计量。

分层抽样又称类型抽样或分类抽样。其具体做法是：先根据某种标志把总体中所有个体分成若干类型，再在各个类型中随机抽取必要数量的样本。分层抽样的优点是既可以估计总体的特征，又可以估计各种类型的特征。

2. 发放与回收问卷

问卷调查的主要方式包括通讯作答、当面作答、有组织分配三种。

通讯作答是通过邮寄方式进行。其优点是简便易行，省时省力，调查范围广；主要缺点是回收率不高。

当面作答的优点是容易取得被试者的合作，回收及时且回收率高；缺点是取样范围不广。

有组织分配是在有关行政部门的支持下进行的问卷调查，具有发放迅速、回收率高、便于汇集与整理等优点，因此得到了广泛的应用。

在回收问卷后，要剔除不符合要求的废卷，统计有效问卷的回收率。如果调查对象是专业人群，一般要求问卷的回收率在 70％以上。如果调查对象为一般公众，回收率会低些。如果发现回收率较低，应当再发问卷进行追踪调查。

3. 问卷统计与分析

问卷回收之后，要对回收的问卷进行相关的数据统计、整理与分析，以获得最终的调查结果，并对结果进行总结，为实施评价提供依据。

答卷者所提供的答案不可能完全与调查者的主观设想一致，有时甚至会有很大出入或完全相反，对此，调查者在分析问卷时，一定要客观、理性，杜绝以先入为主或想当然的态度对待问卷答案。只有这样，才能保证问卷结果的真实性和教育教学行为的有效性。

第四章

教学的过程性评价怎样进行

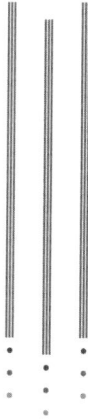

所谓教学过程，是指教学活动的启动、发展、变化和结束在时间上连续展开的程序结构。在这一过程中，师生的内在关系是教学过程创造主体之间的交往（对话、合作、沟通）关系。

所谓教学过程，是指教学活动的启动、发展、变化和结束在时间上连续展开的程序结构。[①] 在这一过程中，师生的内在关系是教学过程创造主体之间的交往（对话、合作、沟通）关系。这种关系在教学过程的动态生成中得以展开和实现。[②] 师生关系的这种特点是学习评价施行的基本条件和背景。

一、 学习评价嵌入课堂教学过程

（一）课堂教学过程中的评价类型

许多研究者强调，班级授课（课堂教学）中，测验与评价的目的应顾及教学时程，学前运用准备度、安置性评价，教学中采取形成性、诊断性评价，教学后采取总结性评价。如表 4 - 1 所示。

表 4 - 1　班级测验与评价的基本类型[③]

	时　程				
	教学前		教学中		教学后
功能	准备度	安置性	形成性	诊断性	总结性
测量目标	是否具备教学所需的先备技能	学生已达到计划教学目标的程度	监督教学进展	侦测学习错误	提供师生教学与学习反馈
测量重点	先备的起点技能	课程或单元目标	事先界定的教学段落	大多数共同的学习错误	课程或单元目标

---

① 黄甫全，王本陆. 现代教学论学程（修订版）[M]. 北京：教育科学出版社，2003：67.

② 叶澜. 重建课堂教学过程观："新基础教育"课堂教学改革的理论与实践探究之二 [J]. 教育研究，2002（2）.

③ 李坤崇. 教学评估：多种评价工具的设计及应用 [M]. 上海：华东师范大学出版社，2011：44.

	时　程			
	教学前		教学中		教学后
样本性质	选出技能的有限样本	所有目标的广泛样本	学习作业的有限样本	明确错误的有限样本	所有目标的广泛样本
试题难度	难度通常较低	难度范围通常较广	随着教学段落而变化	难度通常较低	难度范围通常较广
施测时间	课程或单元开始时	课程或单元开始时	定期于教学中进行	视需要于教学中进行	课程或单元结束时
结果运用	补救起点的不足或分派至学习小组	教学规划与高阶安置	通过持续性的反馈改善并指导学习	补救与重要学习困难相关的错误	分派等第、确认成就或评价教学

修改汇整自：PETER W AIRASIAN, GEORGE F MADAUS. Functional Type of Student Evaluation [J]. Measurement and Evaluation in Guidance, 1972：221—233.

（二）突出形成性评价的重要作用

美国教育评价专家詹姆斯·波帕姆鉴于"深深根植于教学过程"的形成性评价已经成为"被劫掠的标签"，他给出了一个"由一些顶级的评价专家经过反复斟酌提炼出来"的定义："形成性评价是指在评价发生的教学环节中，信息被用来调节教学，目的是提升被测学生的学习水平。"他深信，"一个好的形成性评价，应该为教学提供比总结性评价所能提供的更好的教学证据"。

詹姆斯·波帕姆认为，形成性评价不应该局限于笔头测验或者机考测验。教师可以采取非正式的手段，比如提问或者课堂讨论，可以更好地确定学生在当前追求的课程目标中的学习进展。但是必须要做到的是，形成性评价"对于调节的暗示"要尽可能地清晰。有两种可以从形成性评价得来的调节方式。第一种是，教师可以在教学中进行调节——比如在这样的情况下，教师从形成性评价的结果中发现，学生对教师认为他们已经掌握的次级技能，其实还需要强化。于是，教师可以回到针对这种次级技能的教学并做出调整。

第二种是，它可以帮助学生针对教师提出的课程目标调节自身的学习策略。由此，许多人研究这样的主题：课堂评价促使教师将他们的学生转变为学习过程中积极的参与者，不是作为知识的容器，而是自发的学习合作者。"我敢说如果不计分的形成性评价成为课堂活动长期的组成部分，并且推进这样的形成性评价是为了帮助孩子们学习，那么课堂将会被一种焕然一新的气氛所占据。"[①]

（三）注重课程教学和评价的一致性

课程教学和评价的一致性是指课堂评价的设计和检验、教学方式的选择和实施都必须与课程设计的理念以及所要达成的目标相一致。只有当课堂评价与课程标准、教材、教学相整合时，课堂评价才能提供改进教学的信息，进而实现学生从现有状态到课程目标状态的转变。

有研究者指出，[②] 只有课堂评价与学生日常的学习生活紧密相关，与教师和学校的教育活动水乳交融，在这个意义上，课堂评价才是实现新型学业成就评价的核心形式。新课程倡导建构学习，强调学习过程是学生质疑、思考、探究生活世界和科学世界的体验过程。在这种主动探究的过程中，学生描述事物，提出问题，探索现象，构建假设和解释，将当前问题与已有的学科知识相联系；通过思考或讨论解决问题，并交流自己所思所得。这就要求新的课堂评价建立与该学业成就观相一致的评价模式。概言之，新的课堂评价必须降低对主要是测量学生学科内容知识和技能的传统评价模式的依赖，转而寻求对学生灵活运用学科知识去理解、探究世界的能力，以及在理解基础上进行提出问题和解决问题的能力的评价。它要求改变传统评价中对学生通过记忆和操练所掌握的孤立、零碎的科学知识的多少和技能熟练程度的考查，转而测量学生现有的学科知识结构和组织化程度，以及基于该结构和组织化基础上的理解推理和知识运用情况。

---

① 詹姆斯·波帕姆. 教师课堂教学评价指南 [M]. 王本陆，赵婧，等，译. 重庆：重庆大学出版社，2004：271—272.

② 杨向东. 谈课堂评价的地位与重建 [J]. 全球教育展望，2009（9）.

（四）建立动态的连续性评价模式

为了将评价活动整合到课堂教学中，需要建立一种动态的连续性评价模式，这种模式能有效地把握学生学习过程的实际情况，为指导学生学习提供针对性依据。它的一个重要功能是可以根据学生先后的表现来分析学生问题产生的根源，对学生的学习困难进行诊断并提供具体建议。它能帮助教师了解每个学生的兴趣、长处、经验和需求，从而有针对性地选择和修改课程内容，设计符合学生当前理解和能力水平的活动。由于测评活动是整合到教学过程之中的，教师可以随时了解学生的以上情况，根据学生的经验、已有理解和特点，学习过程中的问题、困难和进展情况等及时改进课程方案。

与这种模式相匹配的是评价方式多元化。测评手段的多样化能够保证收集到有关学生理解和能力的不同方面的信息。除了正确运用传统的纸笔测验的手段，课堂评价还应运用学生的课堂表现、作业情况、学生作品、探究实验、团体合作任务以及文本分析等方式。在评价方式上，既要运用教师或者评价专家的评价方法，也要考虑学生自我评价的价值和运用。

多元化的评价模式还包括评价任务或问题的多元化。新型学业成就评价模式并不是完全抛弃传统纸笔测验形式，而是一种扬弃。原有纸笔测验任务可以通过重新设计，从对孤立、零散的知识点或技能的考查转型到对基于知识的理解和运用能力上的考查。此外，创设开放性的、复杂的、没有明确解决方案的问题情境，让学生在解决具有现实意义的实际问题的过程中展示其理解、探究和问题解决能力，在课堂评价转型中具有重要的意义。①

二、"教—学—评" 一体化运行机制

崔允漷教授在谈及"基于标准的教学"时曾指出，当基于标准的学生学

① 杨向东.谈课堂评价的地位与重建［J］.全球教育展望，2009（9）.

业成就评价在课堂层面实施时，评价就只能成为教学的工具。评价本身就是以教学手段的方式出现的。美国著名评价学者斯蒂金斯甚至认为，如果评价不能在日常的课堂实践中有效运行，那么，其他层面上的评价完全是浪费时间和金钱。[①]

（一）课堂评价与教学的相互关系

在传统的课堂教学中，课堂评价被很多人认为是教学之后的一个环节。这意味着评价不能很好地反馈于教学与学生的学习，因此不能很好地改善教育质量、促进学生的学习。在这种情况下，课程—教学—评价是一个由此及彼的线性关系，教学与评价是相互分离的，评价事后于教学。"当所有的正式评价被视为教学和学习之后的事情时——力争优异教育的战斗其实已经输掉了。"[②]

然而，在当前正在发生的评价范式转换中，教学—学习—评价逐渐被看成三位一体的关系，评价与教学、学习紧密地交缠在一起，相互制约，相互影响。首先，课堂教学活动离不开课堂评价。课堂教学不是忠实地执行教学方案上的内容与程序的过程，而是一个持续做出新的决定的过程。做出这些决定的依据是关于学生学习的信息，也就是教学、学习应当是"数据驱动"（data-driven）的，而这些数据就来自于评价。因此，评价应当持续本身就是教与学的一个有机组成部分。评价目标就是教学、学习的目标，评价任务就是与目标匹配的任务。教师布置评价任务，对学生完成任务的情况给予反馈等，这些评价活动本身就是教学的一部分。根据威金斯的研究，教师在课堂上要花费三分之一至一半的专业时间用于评价相关的活动。而学生在完成评价任务的同时获得了一个重要的学习机会。另外，学生在完成任务之后，如果能得到良好的反馈，能够因为这种反馈从而了解自己存在的问题，明确差

---

①　崔允漷，王少非，夏雪梅.基于标准的学生学业成就评价［M］.上海：华东师范大学出版社，2008：210.

②　Grant Wiggins.教育性评价［M］.国家基础教育课程改革"促进教师发展与学生成长的评价研究"项目组，译.北京：中国轻工业出版社，2005：146.

异，进行弥补，那么对这一内容的学习将会得到显著的改善。可见，评价是提升教学的工具，而不只是用来检验和评定分数的事件。[1]

（二）课堂评价与学习的同构机制

学习目标的达成以学习活动为依托，在学习活动的每一个环节中，评价要自然地镶嵌于学习活动的全过程。[2] "镶嵌"一词突出了课堂评价与课堂教学的统一性和整合性。作为一种特殊的教学环节，在完成学习目标的学习活动之后，课堂评价对学生"学得如何"进行质量监控，通过对学习信息的处理发挥评价促进、调节教学的功能。但是，作为形成性评价的重要内容，课堂评价似乎更应该与学生的学习同构与融合，从而成为学生学习系统内部不可或缺的催化剂和反应器，即学习内部的评价。课堂评价本质上即学生学习，两者统一于某一核心运作机制，构成本质属性和发展过程、结果趋同的共生共有的关系。如表 4-2 所示。

表 4-2　课堂评价与学生学习的同构关系[3]

	学生学习	课堂评价
同一向度 （目的性、适合性）	了解和明晰学习目标； 明白目标类型及达成目标的具体任务	明确学生达成目标的具体表现； 设计与目标类型一致的评价任务
同一空间 （情境性、过程性）	分析问题情境，把握重点、难点； 明确解决问题所需的路径、步骤、方法	对学生的思维层次或水平进行描述； 明确不同水平学生的常见问题及表现特征

---

① 周文叶. 中小学表现性评价的理论与技术 [M]. 上海：华东师范大学出版社，2014：112.

② 崔允漷. 有效教学 [M]. 上海：华东师范大学出版社，2009：116.

③ 卢臻. 课堂评价与学生学习同构机制探秘：评价即学习：以中学语文为例 [J]. 教育测量与评价（理论版），2014（2）.

续 表

	学生学习	课堂评价
同一框架 （建构性）	明确已有的学习经验； 知道当前水平与目标之间的差距； 考虑采取什么行动接近、达成目标，形成认知结构	掌握学生已有学习经验的具体表现； 明确学生当前水平与目标差距的具体表现； 对学生达标情况进行解释，形成完整的具体表现指标

（三）"教—学—评"一体化的课堂实施

针对课堂评价"有评无效，评价不具针对性""有评不判，评价不具诊断性""有评无价，评价不具指导性""有评无人，评价不具促进性"的四种怪现状，我国研究者卢臻提出了一个"教—学—评"一体化的课堂运行系统。[①]如图 4-1。

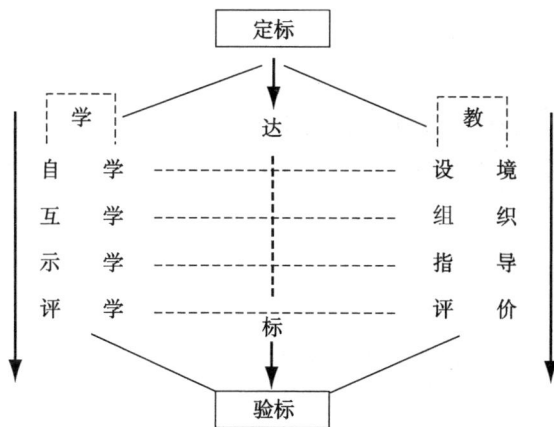

图 4-1 "教—学—评"一体化的课堂教学运作系统

教学目标是课堂教学的灵魂，它主导并决定着学习活动与课堂评价的跟

---

① 杨向东，崔允漷. 课堂评价：促进学生的学习和发展 [M]. 上海：华东师范大学出版社，2012：194—195.

进，学习活动与课堂评价围绕学习目标有机互渗，达成并验证学习目标，形成"定标，达标，验标"的课堂教学转轴；同时调控并决定着学生的"学"与教师的"教"，"学"与"教"围绕学习目标双线并行并相机合作，形成"师促生学"课堂教学两翼。

具体地说，"教—学—评"一体化教学的整体格局为"三环四步"。"三环"指教学的三个主要环节：①依据课标，参考学情，师生共同定标；②围绕目标，依托文本，师生合作达标；③基于学习，及时评价，师生共同验标。"四步"主要指达标、验标环节的四项教学活动：①教师设置情境，学生依标自学；②学生合作探讨，教师指导学习；③小组展示学习结果，教师组织学生完善；④学生互评学习结果，教师提炼、总结、评价。整个教学过程中，"学"为主，"教"为从，学而后教，教师始终是站立在学生身旁适时指导的共学者；自学为主，互学为辅，先自学后合作，学生始终是以独立的个体进行学习的生命体。

（四）有效组合课堂评价的形式①

1. 即时评价与延时评价相结合

即时评价是指教师在学生活动后立即对学生的学习表现做出评价；延时评价是指在学生活动后教师并不马上急于发表意见，而是引导学生进一步思考，等学生充分发表意见之后再做出评价。

即时评价可以给予学生及时的反馈，有助于学生及时调整自己的行为，而延时评价则为学生充分发表意见提供了空间。在教育教学实践中，教师要根据实际需要灵活运用即时评价和延时评价。如当学生思考回答已经很成熟时，可以使用即时评价，以结束一个教学段落。而当学生的思考还不够成熟，意见还不够充分的时候，教师可采用延时评价，给学生充分思考的时间和空间。运用即时评价还是延时评价，取决于具体的教育教学情境。

---

① 李玉芳. 如何进行学生评价 [M]. 上海：华东师范大学出版社，2014：129—132.

2. 明示评价与暗示评价相结合

明示评价指教师直截了当地对学生的学习做出评价；暗示评价是教师为了达到某种教学目的对学生实施的委婉的、需要学生思考领悟才能明白的评价。明示评价直截了当，不需要学生过多地揣摩教师的意见，省时省力；暗示评价则可以起到启发学生思考、保护学生的自尊心、拉近师生之间的心理距离等作用。

3. 言语评价与非言语评价相结合

言语评价是指以口头语言和书面语言为中介或工具进行的评价；非言语评价是指通过人的身体动作、面部表情等非言语形式进行的评价。非言语评价是一种无声评价，并始终伴随着言语评价，教师的一个手势、一个眼神、一次点头、一个微笑、一次默许等，都能给学生以某种信息。

课堂评价中，教师在进行言语评价时，也要注重发挥非言语评价的积极作用，如教师可用某种动作，如鼓掌、点头、轻拍学生肩膀等，或用某种表情，如凝神、皱眉、沉默等，表示赞赏或不赞赏。有研究表明：人类沟通的效果＝55％的面部表情和身体姿态＋38％的语调＋7％的词汇。可见，非言语评价在评价中起着非常重要的作用，甚至比通过言语表达的信息更为重要。

4. 主事评价与轶事评价相结合

主事指学生的主要学习事迹、主要学习表现。主事评价即教师抓住学生课堂学习中的主要表现、主要问题加以评价指导。轶事指的是学生在日常学习生活中不被一般人所重视的小事或细节。轶事评价就是教师通过学生在学习活动中有重要意义的偶发事件对学生进行的评价。

一般而言，教师对学生的评价大都是从大处着眼的主事评价。相比而言，这里我们更强调要注意轶事评价。轶事是反映一个学生独特、典型特点的主要载体和依据，轶事评价是对学生更深入的评价。教师如果缺乏对学生轶事的关注和体察，在对学生进行评价时就会感到无东西可评，因为他（她）就是班级中表现平平的学生，你没有对他（她）有特别的印象。这样一来，学生评语中就会频繁出现诸如"该生团结同学，乐于助人，集体荣誉感强"的词语，以及评价结果的千人一面。这种评价对学生的指导意义不大。因而教师可采用主事评价与轶事评价相结合的评价方式。

三、 教学活动过程中的评价方式

课堂教学是教学的基本组织形式，由于这种形式在相对集中的时间和场域，充分发挥教师主导、学生主体的作用，比较系统高效地使学生掌握知识与技能，习得过程与方法，形成正确的情感、态度与价值观，因此也为实施有效学习评价创造了很好的条件。根据课堂教学自身的运行特点，嵌入教学过程的评价方式与方法也多种多样。

（一）口语式评价

课堂的交往互动离不开语言，特别是口头语言。可以说，课堂中的口语评价与教学活动如影随形、处处可见。但在传统评价中，常重纸笔测验而疏于口试或"问问题"。

为改善此种现象，教学过程评价宜纳入"口语评价"。常用的口语评价有两种：一为"口试"，二为"问问题"。"口试"较常用于总结性评价，如语文可用演讲、辩论、口头报告、经验分享、故事接龙来评价，数学采用出声思考、解题经验分享、日常应用心得分享、口头报告和表演等方式来评价。"问问题"较常用于形成性评价，教师在教学过程中以问题问学生是常见的师生互动模式，只是很少有教师将"问问题"纳入教学评估，将其视为教学评估的一部分。在口语评价初期，学生可能不习惯或表现欠佳，若教师能够持续鼓励学生并容许学生犯错，学生的口语表达能力必能得到提升。教师运用"口试"时，可设计评定量表以评定学生表现，且应事先告知学生口试评价标准，以引导学生做好准备，从而提升教学成果。

口语式评价具有以下功能：提高学生参与度；加深学生的思考过程；增强教与学之间的互动；提供及时的鼓励；有利于教师掌握教学进度；可获得

学习的数据作为补充教学的参考。其不足在于施测的信度、效度与区分度上。因此，若运用口语式评价去评价教学过程的问题、给予学生反馈及增进学生口语表达能力，宜采用"问问题"方式；若拟评价较复杂、较具综合性的学习结果，以及评估学生的语言表达能力，则宜运用"口试"进行教学评估。评价时应遵循以下原则：口语表达需要与教学目标相关；应避免宽泛、模糊的题目，而使用直截、简单的问题，允许学生有充足时间回答；审慎衡量运用时机，候答态度应和蔼，避免给学生压力；事前建立公正客观的口试评价标准，事先让学生了解口试程序与评价标准。①

事例点击

课堂上的口语评价

王崧舟老师执教的《万里长城》教学片段②

课始，王老师充满激情地朗读了世界各国元首献给长城的题词。学生听后纷纷发言，抒发自己内心的自豪与兴奋。以此为铺垫，在文本理解成熟时，王老师鼓励学生为长城题词。

师：面对这巍然屹立的万里长城，你最想说的是什么？请把你的话写下来，那就是你献给长城的题词。（学生写题词，全班交流题词）

生：长城是个奇迹，一个由伟大的民族创造的气魄雄伟、年代久远、工程浩大、施工艰难的伟大奇迹！题词人：张亮。

师：超过克林顿。（笑声）

生：我爱我们伟大的长城，更爱我们伟大的中华！题词人：鲁平凡。

师：感情真挚，表达凝练！

生：我爱长城！我爱中华！题词人：王晓梦。

生：长城是我的骄傲，我们的骄傲，我们中华民族的骄傲。正如美国总统克林顿所言："长城是一个奇迹，一个伟大的民族创造的伟大的奇迹。"题

---

① 李坤崇. 教学评估：多种评价工具的设计及应用 [M]. 上海：华东师范大学出版社，2011：233，236.

② 陈晓冰. 由王崧舟老师的课堂评说开去：谈语文课堂中即时评价的生成 [J]. 江苏教育研究，2007（2）.

词人：李为栋。（掌声）

师：由"我"到"我们"再到"中华民族"，一气呵成，激情澎湃，真好！

生：刚毅、庄重的万里长城，是我国劳动人民血汗和智慧的结晶，是我们的骄傲。我为自己是一个中国人而感到自豪。题词人：任勤奋。

师：发自肺腑之言！

生：长城下的一砖一瓦、一土一石，都蕴含、渗透着古代劳动人民的血汗和智慧。题词人：詹诚。

师："蕴含""渗透"，多雅致的两个字眼，用得真好！

生：我爱长城，我为我是一个中国人感到无比自豪。题词人：金虹。

师：把无比自豪的感受大声地读出来。

（生再读，略）

生：这万里长城，不是石砖建的，而是由千万个生命、千万滴血汗组成的。坚强、刚毅、庄重的万里长城不是风风雨雨、电闪雷鸣所摧得垮的。题词人：方毅民。（掌声）

师：说得好！两千多年的风风雨雨、电闪雷鸣，早已证明了这一点。

生：万里长城，你是中国人民的骄傲！你代表了中华民族坚贞不屈的精神！你象征着一条正在腾飞的中国巨龙！题词人：谭瑛。（掌声）

师：巨龙已经腾飞！巨龙必将在你们的欢呼下飞得更高，飞得更远！

课堂中评价的最大特点在于它是随机的和瞬时的，是让一闪而过的信息如流星一般自然消失，还是及时捕捉，给予肯定表扬？或是鼓励放大，抑或是纠正引导呢？显然，王崧舟老师没有放过任何一个与学生交流的机会，他不仅用心倾听，还能够快速地捕捉各种信息，在教学环节的细微之处让学生感受到教师心诚意切、实事求是的评价。这些评价，虽然短暂，却光彩夺目，不仅营造了轻松和谐的学习氛围，更激发了学生的学习兴趣。

事例点击

《应用题练习》教学片段与评析

一位教师教学《应用题练习》时，出示练习册中一题：

　　某饭店买回一桶油，连桶称共有 210 千克，用去一半后，连桶称还有 120 千克，问油桶重多少千克？

　　要求学生思考解答。片刻之后，就有很多同学举手回答。

　　生 1：先求出半桶油的重量，再求出一桶油的重量，然后用 210 千克减去一桶油的重量就可以求出油桶的重量。列式：210 －（210 － 120）× 2 ＝ 30（千克）。

　　师：嗯，这是你的答案，好！老师听得很清楚。让我们一起再听听其他同学的发言，好不好？

　　［点评：教师没有马上评价，只是向学生表明他正在认真听，更向其他同学发出一种心理暗示：你们还有什么更好的方法吗？老师非常地想听］

　　生 2：我是这样列式的：120 × 2 － 210 ＝ 30（千克）。

　　师：噢，是吗？我想同学们一定跟老师一样，很想听听你是怎样想的。能说说吗？

　　［点评：也没有马上做评价，只是引导发言者与其他同学一起进入更深层次的思考］

　　生 2：我把 120 千克扩大到原来的 2 倍，得到一桶油的重量和两只桶重，从中去掉 210 千克（这是一桶油与一只桶的重量和），即得桶重。

　　师：你这 120 千克分析得很准确，是个好办法。其他同学还有什么更好的办法吗？

　　［点评：没有对方法做最优化的评价，只是肯定了他的思考方法，更激励了其他同学思考的积极性］

　　生 3：我先求出"210 × 2"和"120 × 2"，这样可求出一桶油的重量，然后可求出桶重。列式为：210 －（210 × 2 － 120 × 2）＝ 30（千克）。

　　生 4：我是这样算的：120 －（210 － 120）＝ 30（千克）。

　　师：啊，这样也能算出？

　　［点评：教师竟没有想到，但他并没有做出评价，而是让学生继续说］

　　生 4：我先求出半桶油的重量，再从 120 千克中去掉这半桶油的重量，也可得桶重。

　　师：哈哈，你们真是越来越聪明了。还有吗？

[点评：对学生的创新思维给予鼓励，并不影响学生对解题方法的进一步思考]

生5：我先求出半只桶重，再求出整个油桶的重量。列式为：（120－210÷2）×2＝30（千克）。

师：这么多的同学都说出了自己的解法，有的甚至是老师都没有想到的，你们可真了不起。那么这些解法中你认为哪一种最简便呢？你们先讨论一下……

从上面的例子中不难看出，学生解题的方法不止一种，且有独到的思路，有些甚至是教师也不曾想到的，而这些都是在教师恰当的评价下产生的。其实，在正常情况下，由于受思维定式的影响，新颖、独特的见解常常会出现在思维过程的后半段，也就是我们常说的"顿悟"和"灵感"。因此，在平时的课堂教学中，对于学生的发言，教师应在恰当的时间进行评价，不能过早也不能太晚，应留出充裕的时间，给学生一个自由思考的空间，让学生在和谐的气氛中驰骋想象，畅所欲言，相互启发，集思广益，以获得更多、更美好的创新灵感，使个性思维和个性品质得到充分发展，充分挖掘学生学习的潜能。

（二）作业式评价

作业，也叫课外作业或家庭作业，是教师为检验学生课程学习效果，围绕课堂教学内容而设计的一系列习题、手工或实践活动。作业在内容上与课堂教学紧密相关，是课堂教学的自然延伸和补充，是对课堂知识、技能的复习、巩固和运用，对于学生理解、掌握和深化课堂中所学的知识以及养成良好的学习习惯具有重要的作用。通过对作业的检查与批改，教师可以发现学生学习中的问题，并据此给予学生及时的反馈与指导，同时了解和改进自己的教学。①

英国评价专家布莱克通过实证研究发现："在促进学习的评价中，教师通

---

① 李玉芳. 如何进行学生评价 [M]. 上海：华东师范大学出版社，2014：98.

过有效的作业反馈方式使学生理解当前水平与学习目标之间的差距，并为他们提供一系列改进的建议以缩小学生表现与目标之间的差距，帮助学生形成改进的策略。相对于简单的分数或等级来说，详细的含有改进建议的作业评语对于改进学生学习有重要作用。"①由此可见，评语式的书面作业评价结果反馈对于促进学生学习是最有效的。我国有研究者曾对作业的评语式反馈提出以下建议：

1. 评语式反馈要激发学生学习动机

通过详细的、含有改进建议的评语来进行作业情况的反馈，来强化学生"只要努力就可以不断提高"的信念。这种评价不仅能帮助所有的学生改进学习，还能帮助学习困难的学生取得良好的成绩，使所有的学生都参与到评价中来。通过采取评语反馈，弱化等级和分数的评价结果处理办法，让学生的关注点从分数、等级转移到自己的薄弱之处，并对"为了达到标准下一步该如何做"有了清晰的认识。这种方式有助于激发全体学生尤其是学习困难学生的学习动机，并且使他们受到积极的鼓励，从而提高自信。

教师评语要关注学生的学习策略或学习思维，以激发学生自我构建知识为上策。"教师应基于学习任务本身给予反馈，正面的学习反馈包含了一个连续系统，其中让学生自我建构知识，获得高质量学业成就为最高级别。"

2. 评语式反馈要师生互动交流

改变单纯由教师批改的评价方式，让学生参与作业评价结果处理过程，能使学生在参与中学会学习方法，加深对所学习知识的理解，使学生变得更自信。学生参与作业评价结果反馈，可以采用以下方法：

一是师生互相交流，共同对作业进行评价，学生可以发表见解，提出困惑。这种方式有助于教师更加及时、准确地获得信息，了解教学中存在的问题，调整教学的策略，根据学生在学习中出现的问题给予其更多个性化的帮助。

二是学生的自我反馈。为了减轻教师批改作业的工作量，学生可以进行

---

① 杨向东，崔允漷. 课堂评价：促进学生的学习和发展［M］. 上海：华东师范大学出版社，2012：118—121.

自我反馈。教师对作业提供反馈确实能起到提高学生成绩的作用，而现实情况却是，有时候教师没有足够的时间对所有的作业都给予同样的注意。许多教师尽力给每一份作业打分和下批语，但当不胜负荷时，教师应当采用一些有助于减轻工作负担、能增强反馈效果的策略，那就是让学生对作业进行自我反馈。

3. 评语式反馈要促进学生的自我调节学习

当前学生对作业的普遍态度是完成作业并上交就完事大吉了。学生对教师批改后的作业并没有给予足够重视，对其中的错误及其原因也懒得去分析。因此，作业对于促进学生学习的作用也就没有充分实现。"从自我调节学习原理出发，正确的做法是教师或家长要求学生每次或每隔一段时间对老师批改完后发回的作业进行分析和自我评价，找出作业中的不足，进行错误分析，不断进行反思，而不是做完作业交差，应付了事。"通过这种不断循环的反馈，"学生可能认识到检查他们的作业不需要许多额外的时间，从而提高准确性"，并最终形成自我监控和自我调节的学习。

让学生学会对自己的作业评价结果进行反思，分析评价结果的原因并调整自己的学习。正确的归因是改进学生学习的关键。学习成就归因是影响成就动机、影响学业成绩的重要因素。我们必须把学习者看作积极的信息处理者和修订者，让学生能够在对评价结果信息的反思中学会学习。自我调节的学习者能够"为其学习设置目标，然后尽力监控、调节、控制他们的认知、动机和行为，并受他们的目标和环境特点的指导和约束"。当学生的成绩没有达到学习标准时，教师应帮助学生分析其完成任务的方法与策略是否是合适的，以便学生调整策略。学生也要认真地领会和分析教师反馈的内容，修正自己的策略清单，改进学习。

教师之间还可以相互交流、分享能给学生留下深刻印象而且容易让学生理解和接受的评语。教师为了让学生更关注作业评语，可以采用一些强调作业评语重要性的方法。例如，在上课时有选择性地分析作业和评语，强调评语对于提高学习的作用，营造一个关注评语的氛围，同时提高学生对课堂学习和作业的期望。

事例点击

作业批改与评价

纸上传情——我是这样批改作业的①

在批改学生的作业和试卷时，我经常不仅评定分数和等级，同时给学生留言。例如："××，你的字写得很漂亮，但化学元素符号必须规范书写，不能随意装扮它们，自然才是真的好看！"从此他写元素符号、化学方程式规范多了。"××，你总是喜欢占小便宜，写化学方程式时总有一些分子被你贪污了。有得必有失，这几个方程式的分数我只能不给你了。""××，'气体摩尔体积'你可记明白了：对象是'气体'，条件是'标准状况'，不能不注意条件，不关心物质的状态乱用啊。""××，你的有机化学好像学得很糊涂，虽说'难得糊涂'，但'一时糊涂'可不能'一世糊涂'呀！"……学生对我批改作业后的留言很感兴趣，觉得我总能击中他们的要害，给予其帮助。慢慢地，他们在作业纸上也给我留言："老师，离子浓度大小比较我总是弄不明白。""老师，你讲课有点儿快，我跟不上。"……师生在留言中互相学习，共同提高。

教师给学生的留言，其实就是评语。在等级（分数）＋评语的评价中，学生不仅知道了自己作业中的问题，也明白了问题出在什么地方、应该如何进行改正。

评价在数学作业中的妙用②

一位数学教师，当学生做完了"一题多解"的作业后，对于能从不同的角度去分析、思考问题的同学，他写下了这样的评语："解得巧、方法妙！""你用了与众不同的方法解决了这个问题，真了不起！肯定是有独特见解的学生。"

对于有多种解法而学生只采用了一种的，他写下了："想一想，还有更好的解法吗？""爱动脑筋的你肯定还有高招儿！""换个角度思考，能想出不同

---

① 来雅婷.纸上传情：我是这样批改作业的[EB/OL].2009-03-01.http://www.bjkecheng.cn/news_7185.html.

② 郝爱民.评语在数学作业中的妙用[J].小学教学研究，2007（11）.

的解法吗?"

这样的评语言简意赅,既激发了学生的创新意识,开启了学生的心灵之窗,同时开阔了学生的思维,使他们能大胆地驰骋想象,标新立异。

一位教师针对不同学生的作业所写的评语:

对作业拖拉、书写糊涂的学生,这样写道:"老师相信你,今后能按时完成作业。""相信能干的你会把字写得工工整整!""你准行,因为你付出了劳动!""字如其人,你这样帅气,相信你的字也会写得很帅的!""你很聪明,如果字再写得好一点儿,那就更完美了!"

对抄袭作业的学生,这样写道:"诚实是一种美德。用你聪明的头脑、灵活的双手去完成作业,肯定会得到'优级'的!""刀越磨越锋利,脑子越用越灵活,老师相信你一定行。"

诸如此类的个性化、期待式评语,增强了学生对自主行为的调控力,激发了学生的学习动机,增强了学生的自信心,从而促进学生改正缺点,加倍努力取得进步。

(三)检测式评价

课堂教学中的检测式评价,一般称为"随堂小测验"。它与期中期末考、中考甚至单元测验都不同,有自身的特点:[①]

一是灵活。相对于期末测验,课堂测验检测的问题和所用的时间都很少,因而比较灵活,便于操作。可以在上课开始进行,也可以穿插在教学过程之中;可以分发题签,也可以用大屏幕显示;可以口答,也可以笔试;可以个别抽测,也可以全班或部分检测;可以在同一时间内以多种形式交叉进行。二是检测面广。课堂测验既可以检测学生知识掌握情况,也可以检测学生知识应用水平,同时,根据学生的实际表现,可以了解学生的学习态度和学习习惯。三是针对性强。课堂测验所评价的内容相对比较集中和明确,其主要目的是检测学生当堂课的学习效果。四是反馈及时。课堂检测主要是对学生

---

① 李玉芳. 如何进行学生评价 [M]. 上海:华东师范大学出版社,2014:92.

当堂课的学习效果进行评价，是一种即时性评价，这有助于及时反馈学生的学习情况，也有助于教师及时发现教学中存在的问题，并迅速调整和改进教学。

检测式评价需要注意以下问题：

（1）测验题目要少而精。测验题目不能太泛，而要抓住教学内容的重点，紧紧围绕基础知识、基本概念的理解和掌握来设计。一般来说，1～2个题目比较合适。如果题目过多，所用时间势必就会过长，这样会直接影响新课的教学进程，甚至会完不成当节课的教学任务。测验题目少，但要精，要尽可能覆盖所有应掌握的内容，以免给学生造成"这个知识点重要，那个知识点不重要"的错觉。

（2）测验题目难度要适中。如果题目过难，一是浪费时间，二是不利于学生思考，甚至会搅乱学生头脑中初步形成的知识体系，这样对于后面的教学是不利的。

（3）测验题型要灵活多样。小测验采取什么形式取决于课程的性质和内容。如一开始检查预习情况的测验与上课结束的测验就有区别，但无论是哪种情况的测验，都不要局限于一种题型，而要根据测验的具体目的采用不同的形式。

（4）合理处理测验与各教学环节的关系。是否进行课堂测验、如何进行课堂测验，要根据新授课课时的教学内容、容量、难易度来安排和设计，整体上要对教学过程和时间分配做好预测和安排，以保证教学顺利进行，避免前松后紧，完不成课时计划。

（5）处理好个别抽测和全班检测的关系。对个别同学进行抽测还是对全班同学进行检测，教师要根据具体情况而定。如果是课前检测，可以全班检测，以了解全班同学掌握知识的状况，同时促使所有同学都养成认真复习和预习的好习惯；如果是课后检测，则可以采取个别检测的方式，以了解不同层次的学生对当堂学习内容的掌握情况。

（6）做好反馈。对于测验结果，教师要及时给予反馈，以充分发挥评价的激励和导向作用，促进学生的学习。特别是对那些学习有困难的学生，更要注意这一点。

（四）自反式评价

课堂中的自反式评价是指学生在学习"客观性知识"时能回到自身，叩问自我，反躬自省，提高学习的自主性和自觉化程度。从更深层次上看，这种自反式评价已经是学生在考量知识或事物对于自己的"意义"，或者是对自身潜能开发意识的觉悟。

新课程倡导发展性评价，其目的是提高学生自我评价的能力。它注重学生的个人价值，重视提高学生的参与意识和主体意识，把评价活动变成了学生主动参与、自我反思、自我教育、自我发展的过程。与此相适应，课堂教学评价也应以有效地促进学生的发展和为学生提供广阔的自我发展空间为目标，重视学生自我评价能力的培养，使学生真正成为课堂的主人。

我国有研究者主张，学习过程评价应该高度地体现自主性理念，为此，应该尽量减少他人评价，而增加自我评价，即学习者自己对自己进行评价。以自我评价为主，特别要注意如下几点：第一，要充分相信自我评价的可靠性。研究表明，"自我评价活动同对外评价一样是人类的本质特征""自我评价活动的普遍性和非私人性为个体自我评价活动的研究提供了客观性和可能性"[①]。第二，多数情况下采取学习者自我评价，少数情况下采取他人评价（如教师对学习者进行评价）。第三，在评价过程中，要注重专家和教师对学习者进行学习过程评价时的指导。[②]

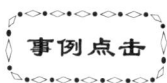

事例点击

引导学生自我评价

一位初中生对测验进行的自我评价

从测验分数来看，基本上达到了预期目标。但我发现还存在以下问题：

知识点掌握不够，审题不仔细。如选择题，应对照题目仔细分析选项，

[①] 陈新汉. 自我评价论 [M]. 上海：上海人民出版社，2011：131.

[②] 丁念金. 学习过程评价的理念 [J]. 当代教育科学，2012（12）.

这样失分的概率就会小一些。

应用题一定要仔细审题。

计算题也要加强训练。

数学公式一定要记牢。

下次测验成绩应该比这次提高10～15分。

学生在自勉、自评与自我反思中，通过"反思—达成—再确立—再达成"的循环往复，树立信心，实现自身的持续发展，形成评价的需要。

魏书生指导学生批改作文

为了培养学生的自学能力，魏书生把批改作文的权利交给学生自己，由学生互相批改，并拟定十条标准，让学生一条一条地逐步掌握。

首先看作文的格式正确不正确。这谁都会。看过之后，红笔拿出来，批上：此文格式正确。

第二条批语，看卷面整洁不整洁。这连最淘气的学生也会。当他给别人批上"卷面不整洁"时，自己以后也就不能潦草了。如果他批的是一本写得整整齐齐的作文，他的心目中也就有了个榜样。

第三条批语，看标点符号是否基本正确，有没有"一逗到底"的情况。有几个不正确的，挑出来，扣分。

第四条，看有多少个错别字。批卷人看不出来怎么办呢？流水作业。你说本文错别字有五个，都具体指出并改正过来。下一个同学再看。所以，凡有疑问，学生就都捧着字典去查，这样，人人都增长了辨别错别字的能力，也会要求自己尽量少写错别字。

第五条，找病句。看哪些句子有毛病，写得不通顺，还要琢磨怎么给人家批改。碰到不好批、拿不准的句子，也要搞流水作业，有人批，有人复查。

第六条，看作文的中心。要注意两点：一，是否鲜明；二，是否集中。要求紧紧抓住主题。怎样辨别作文的中心是否鲜明和集中，魏老师通过一两篇作文的实例指导一下，学生一般就能掌握了。

第七条，看作文的选材是否围绕中心，是否真实。这一条，凭着已有的生活经验，学生一般还是能够分辨出来的。

第八条，看文章的结构、层次是否清晰，开头和结尾是否相互照应，过渡是否自然。

第九条，看表达方式是否符合要求。如：记叙文，是否做到了以记叙为主；老师要求记叙、议论、抒情相结合，作者结合没结合。

第十条，看语言是否简练、准确。生动形象不做要求。如果能够写得生动形象，那当然更好。

为了让学生"自主"地批改作业，魏书生老师提出了非常具体的要求，我们相信，在这种反复实践中，学生养成好的作文习惯，一定会增强能力，这种"自主"的学习就会获得更大的"自由"。

（五）随机式评价

课堂学习中经常会发生一些"随机性事件"，如，教师忽然看到了什么，或者"生成"了什么新问题，发现了什么新亮点，这时，教师不能不及时做出自己的分析、判断与回应，于是，随机式评价就发生了：随机随地、即时即景，教师对所见所闻进行评述。

知识在情境中释放，评价在情境中生成，只有扎根于真实的教学活动，评价才能发挥巨大的能量，照耀学生前进的道路。教学情境中的随机评价包括观察、谈话和研讨。通过观察，可以走进学生的真实生活，发现学生的真实状态，促进学生的良好发展；通过谈话，可以与学生面对面交流，与之产生情感共鸣，激励学生成长；通过研讨，可以发现学生的真实思想，实现教学相长。

事例点击

支玉恒老师对"浩浩荡荡"一词的随机"评"与"引"

特级教师支玉恒在教"浩浩荡荡"这个词时，没有直接告诉学生"浩浩荡荡"的意思，而是通过一系列的语言和例子，让学生自领自悟。如当学生说"'浩浩荡荡'就是形容人数众多，气势浩大"时，支老师说："人数众多，气势浩大。嗯，我给你举个例子吧。比如今天老师们来听课，人数很多，气势也挺大，'浩浩荡荡'地坐满了屋子。行不行？"学生都说不行。"那为什么呢?"学生说"浩浩荡荡"还得是行动着的。支老师又举了个例子:"'自由市场上人来人往,熙熙攘攘,浩浩荡荡。'行不行?"学生又说不行。"问题出在哪儿呢?"一个学生说:"还得是形成队伍的。"另一个学生说:"还得是向同一目标去的。"支老师说:"对,有方向性。大家行动一致向一个方向,这才叫'浩浩荡荡'。那么我再举个例子:'长江之水浩浩荡荡流向东海。'这回可没有'人'了,行不行?"学生都说行。最后支老师小结道:"其实这个词原来是形容水势浩大的,你看'浩''荡'都有三点水。后来把它借用来形容声势浩大的群众运动呀,行走的队伍呀,等等。"

支老师没有直接把"浩浩荡荡"的含义告诉学生,而是一步步地进行引导,使学生一直处于思考状态,提高了学习的针对性,使学生在主动思考的基础上理解了"浩浩荡荡"的含义。

认真对待课堂中生成的新问题

著名生物特级教师朱正威举了一个讲青蛙捕食的教学案例。

有一次,在教初中动物部分"青蛙的捕食"时,一位在农村长大的学生问:为什么钓青蛙时不用鱼钩?这打断了朱正威按捕食时舌的运动过程进行的讲解。他索性让这位学生来讲一讲钓青蛙的过程:先在竹竿上拴一根钓绳,不要钓钩,只要系上一个蚱蜢作饵,持竿在池畔草丛轻轻地抖动,青蛙就会因吞住蚱蜢不放而被捉。朱正威随机进行引导,寓正误评价于学生讨论中。学生们由此讨论起了以下三个问题:

一是青蛙为什么会咬住不放。这和青蛙的舌根在前、舌体折叠、舌尖在后的"卷舌"有关。朱正威告诉学生,青蛙上颌有一对锄骨齿,这对锄骨齿可以防止食物滑出,钓青蛙正是利用了与青蛙吞食有关的特殊结构。

二是为什么要抖动竹竿。这是模拟昆虫的跳跃。蛙眼对运动中的物体具有极强的识别能力,因此才有了仿生的电子蛙眼。

三是如何看待捕杀青蛙。这是一种应该受到谴责的行为。由于湿地的减少,青蛙的数量也在急剧减少;因为农药的喷洒等原因,还出现了畸形的青蛙。这时候,朱正威便推荐学生阅读有关两栖类濒临灭绝的科学报告。

第五章

教师要掌握哪些主要评价技能

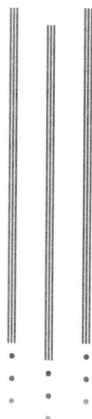

几乎 所有教育评价专家都强调教育评价的专业性，强调教师评价能力在促进学生学习与发展中的重要作用。我国中学、小学、幼儿园教师专业标准都把"激励与评价"列入教师素养的内容领域。

几乎所有教育评价专家都强调教育评价的专业性，强调教师评价能力在促进学生学习与发展中的重要作用。我国中学、小学、幼儿园教师的"专业标准"都把"激励与评价"列入教师素养的内容领域。例如，《中学教师专业标准（试行）》《小学教师专业标准（试行）》分别把"利用评价工具，掌握多元评价方法，多视角、全过程评价学生发展""引导学生进行自我评价""对小学生日常表现进行观察与判断，发现和赏识每一位小学生的点滴进步"等列入了对教师的基本要求。

就课堂教学过程中的评价而言，掌握以下的技能是最基本的。

一、　评价的实践操作技能

（一）多元评价的技能

"多元评价"的概念具有十分丰富的内涵，如我国台湾学者李坤崇等就曾指出它有九个方面的特质，但其核心意义就是我国新课程改革所强调的"多用几把尺子衡量学生"。李坤崇等人认为："多元评价是以教师教学和评价专业为基础，依据教学目标研拟适切的评价方式、评价内涵、评价人员及评价时机与过程，并呈现多元的学习结果，以提供更适性化的教学来增进学生成长。"①李坤崇也指出，在多元化教学评估的多种特质中，"方式多元"最重要。评价方式应视学生身心发展及个别差异，依各学习领域内容及活动性质，采取笔试、口试、表演、实作、作业、报告、数据搜集整理、鉴赏、晤谈、实践等适当之多元评价方式。

我国学者对教师应具有的多元评价的技能进行了解读："教师要在教育教学的全过程中采用多样的、开放式的评价方法（如行为观察、情景测验、学

① 李坤崇.教学评估：多种评价工具的设计及应用［M］.上海：华东师范大学出版社，2011：7—8.

生成长记录等），了解每个学生的优点、潜能、不足以及发展的需要。"因此，以促进学生发展为目的的多彩学生评价，要求学生评价在评价内容、评价标准、评价主体、评价形式、评价结果的呈现等几个方面也必须从单一走向多元，从单一走向多彩：

实现评价内容的全面化；

实现评价标准的差异化；

实现评价主体的多元化；

实现评价形式的多元化；

实现评价结果呈现形式的多彩化。

事例点击

多彩的学生评价①

一、个人评价，让学生的学校生活变得美丽动人

1. 自豪的"成长光荣簿"

（B5 大小的活页纸，每位同学的起始页上贴上学生的照片）

操作步骤：教师自己制作一些奖票和印章。

10 张普通奖票　换　1 张彩色奖票

10 张彩色奖票　换　在"成长光荣簿"上印个小印章

10 个小印章　　换　1 张小奖状

5 张小奖状　　　换　教师亲笔书信 1 封

也可以选用其他奖励方式（根据本班学生情况来决定）。

2. 漂亮的"花儿朵朵"

操作步骤：

（1）教师为每位学生准备一朵大一点儿的漂亮花朵，写上学生名字。

（2）教师把所有的花朵都贴到教室的墙壁上，还可以再点缀些小装饰物。

（3）可以和小奖票结合进行奖励。比如：集齐 10 张小奖票就可以在花心上贴一个小彩点。（每朵花的花心大约能贴 20 个彩点）

---

① 多样的学习评价形式，让学生的学校生活变得美丽精彩[EB/OL].2008-11-24.http://blog.xxt. cn/ showSingle Article. action? artid＝601778.

（4）花心贴满了，学生就可以手拿这朵美丽的小花和教师合影。

也可以选用其他奖励方式（根据本班学生情况来决定）。

3. 自信的"夺宝对对队"

操作步骤：

（1）制作一张表格，把所有学生的姓名在左侧从上到下依次写好。每个学生名字后面大约要有 20 至 30 个小格。

（2）可以和小奖票结合进行奖励。集齐 10 张小奖票就可以用彩笔涂满一个小方格。每次涂的颜色可以不同。

（3）教师可以根据班中的实际情况进行阶段"夺宝"——可以以 5 格或 10 格为一阶段进行奖励（奖励的形式也是多样的）。

4. 愉悦的"葡萄大丰收"

操作步骤：

（1）教师在一面墙壁上制作一个较大的葡萄架，只准备叶子，没有葡萄珠。

（2）教师把全班学生的名字写在适当的葡萄叶子上，在这片叶子下就要准备添加葡萄珠了。

（3）可以和小奖票结合进行奖励。集齐 10 张小奖票可以贴上一颗葡萄珠，看看谁的葡萄结得多。

5. 喜人的"幸福树"

操作步骤：

（1）用彩纸制作一个大一点儿的树干（只要树干和树枝），贴在墙壁上。

（2）把深浅不一的绿色纸剪成树叶形状。

（3）树叶上写上表现好的学生的名字和教师给他的评价，然后贴在树枝上。如："李子欣，你真是一个有礼貌的好孩子。""张帅，你很聪明哟！"

效果：这种评价方式具有浓厚的人文气息，孩子们为了使自己的学校生活更美好，会尽力好好表现。

二、小组评价，让学生的学校生活变得丰富多彩

1. 快乐的"彩蝶飞舞"

操作步骤：

（1）这项评比可以和个人奖励中的"花儿朵朵"结合起来。

（2）把每个小组内所有学生的花朵安排在一起，在它们的上面放上一只

稍微大一点儿的美丽"蝴蝶"。

（3）哪个小组受到了表扬，就在哪个小组的"蝴蝶"上画上一个小彩点。

（每只蝴蝶身上大约能画20至30个彩点）

（4）哪个小组的彩蝶最漂亮，教师就可以满足这个小组一个小愿望。

（这个小组可以和教师合影或是让教师带领去学校图书馆等）

2．动人的"美丽小火车"

操作步骤：

（1）每位同学交一张生活照，教师要把这些相片修剪一下。

（2）制作每个小组的小火车：把小组内所有学生的相片依次贴在事先用硬纸做成的小火车上。

（3）设立站牌：站牌的内容是多样的，可以是地名，也可以是世界风景名胜等，可以根据各班的情况来决定。

（车站可以设定10到20站）

（4）哪个小组得到了一定的表扬或奖励（根据各班的情况来决定），这个小组的小火车就可以前进一站。看看哪个小组的火车最先到达终点。教师要奖励获胜的小组。

（奖励方式可以同上或自定）

3．有趣的"签名游戏"

操作步骤：

（1）这项活动主要被应用于英语学习中的新句型和新单词的认读上。

（2）每一阶段都有一些新的英文句子或单词要认读，这些句子和单词都是打印在A4纸上并贴在教室墙壁上的。如果哪个小组的所有同学把某个句子都读会了，就可以在组长的带领下在这张纸上签下自己的名字。

说明：在刚开始的时候，教师要在旁边加以指导。

4．精彩的"苹果对对碰"

这项评比具有多样性，可以作为小组间的评比，也可以作为个人评比，还可以作为男女生之间的评比，教师可以根据需要自行决定。而且这项评比既可以在课上进行，又可以在课下来完成。下面以作为男女生之间在课上的评比为例。

操作步骤：

（1）在黑板的一侧画上两棵大一点儿的苹果树（只要大概轮廓），一棵上面写 Boy，一棵上面写 Girl。

（2）教师根据上课时学生的表现情况分别在男生、女生的苹果树上画上小苹果。最后，苹果数量多的一方获胜。

说明：在课上千万不要多次去画苹果，这样会浪费很多宝贵的学习时间。教师要根据课堂上的需要来合理运用这种评比方法。

5. 逗人的"快乐猴子快乐兔"

操作步骤：

（1）准备小兔和小猴的头像图片（也可以是其他动物的），贴在黑板上，要分开贴。

（2）小兔爱吃萝卜，小猴爱吃桃子，我们用彩纸剪一些萝卜和桃子来代表分数。

（3）把班内学生分成两大组：小猴组和小兔组。哪一组答对问题或者表现好，就在哪一组头像的旁边贴上相应的萝卜或者桃子。在学习的过程中，教师可以根据实际情况对两组"比分"进行裁决。

丰富多彩的评价形式能使学生从被动的学习转变为主动的求知、自发的获取，在学习中焕发出新的生命活力，从而取得高效的学习结果。

（二）积极强化的技能

强化是一个心理学概念，"使有机体在学习过程中增强某种反应重复可能性的力量称为强化"。课堂教学中的"强化"，是指教师在教学中的一系列促进和增强学生反应和保持学习力量的方式。强化可分为"正强化"与"负强化"，前者增强学生积极的反应，后者抑制某种不恰当的反应。在课堂教学中，我们更多地应用肯定、赞许、表扬、奖赏等方式激励学生良好的表现，支持他们持续地进步；当然，有时也批评或惩戒某些不良表现，重视正、负强化的结合。

课堂教学过程中的强化有多种方式，如：言语强化——称赞、表扬、鼓励等；体态强化——目光、表情、姿势、动作、接近、接触等；标志物强化——符号（√、×）、小红花、五星等。

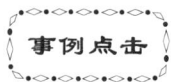

┌─────────────┐
│ **事例点击** │
└─────────────┘

《卖火柴的小女孩》教学片段①

师：（出示句子：多么温暖，多么明亮的火焰啊！简直是一支小小的蜡烛。这是一道奇异的光。）大家读读这句话，想一想从中你明白了什么。（学生自读体会）

生：小女孩把火柴的光看得非常神奇，非常温暖，看成是一道奇异的光。

师：从字面上理解是正确的。再想一想，小小的火柴真会这么温暖，这么明亮，这么奇异吗？

生：这是小女孩的感觉，是她内心的感受。

师：说得好，再联系上下文理解理解。

生：一根小小的火柴，实际不足为奇，小女孩却把它看得这么神奇，这说明她太冷了。你看，这么冷的天，而她却光着头赤着脚，一双小脚冻得红一块紫一块的。

师：好！能联系上下文理解。这就告诉我们，在阅读课文时，遇到含意深刻的句子，可联系上下文来理解。

教师把立足点放在促进学生深切感受、深入理解句意上，因而在评价中，通过方法提示、思路点拨，使学生遵循"表面意思—内心感受—真正原因—深刻内涵"的路子，一步一步地达到了教学目标。可见，在课堂教学中，对学生的评价，不能仅仅满足于正确，还要逐步引导学生全面理解、深刻理解、灵活理解，在表达的准确、生动上做文章。这样的评价才能促进学生的不断发展。

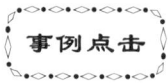

┌─────────────┐
│ **事例点击** │
└─────────────┘

窦桂梅《晏子使楚》的评价语言、动作、表情②

师（夸张地拍拍学生的肩）：你怎么这么会读书呢？看你把晏子的心理活

---

① 黄桂林. 课堂评价的语言艺术：教学语言艺术探微（三）[J]. 江西教育，2004（4）.

② 特级教师窦桂梅的课堂即时评价语 [EB/OL]. 2007-08-22. http://acad. cersp. com/article/1902789.dhtml.

动都读出来了。

师：你的回答就是与众不同，别人想到楚王的无礼、傲慢，你则想到楚王的可爱。了不起！

师（笑得很灿烂）：我看到你们脸上的这种灿烂的笑了！

师（跷起大拇指）：真是太精彩了。第一个掌声送给你，是因为你读人家的文章，读人家的语言，能把别人的语言变成自己的语言，这就是一个运用语言的过程。第二个掌声送给你，是因为你刚才长篇大论，说晏子委婉地直指楚王的要害。后人在晏子说的这简短的一句话里找出了三个成语——

师：这是个典故，孩子们快快背进脑袋里，看看谁将来也能用上这句话，这句话可大有说法。快快背一下。

师（语调越来越高）：其实走了好几桌，我都能听见同学们的读书声和同学们的发现，你们真了不起，会读书啊！谁来谈谈，想说什么就说什么，两位同学想说了，三名、四名、五名！越来越多了！好！请你来说说！

师（频频点头）：可以。你们认为呢？真不错，特别是哪一句读得好？

师（握学生的手）：我非常想和你较量一下。

师：如果我是你，我一定说：谢谢你的指导。

师：是我听错了，还是——，我觉得这里应该——

师：音色也好，读得也顺，这几个字音应该——，不信你自己再读，一定会更好。

师（有力量地抚摸）：你看，你的朗读、你的认识让我们感受到这么多的快乐。

师（摸学生的头）：孩子，你再面不改色地读——，谢谢你的发现。

师：掌声！你苦笑一下啊！

生：哈哈哈哈哈。

师：谢谢哦，这种苦笑装得真不容易哦。再来！还有怎么笑？

师：亲爱的同学们啊，这故意地笑一笑那叫一笑解千愁。用我们课前背的诗来说就叫"谈笑间，樯橹灰飞烟灭"，用现在的时髦词那叫笑傲——（江湖）。

师：那叫智慧。哎！就是这故意地笑一笑，如同学们所说的那样：笑出了自信，笑出了幽默，笑出了潇洒，小个子晏子，我依然风度翩翩，我依然有气质，我依然这样倜傥，有魅力！

师：谢谢亲爱的同学们，你们的朗读告诉我们，就是这笑一笑，我们就能想象晏子的文化，从笑声中，就是超越了晏子这种自身的——这种脾气、性格，笑声之外的这种骨气。让我们再次为晏子的这种智慧喝彩！

窦老师一点点激发学生的信心，一点点点燃学生的激情，引着学生渐入佳境，使课堂高潮迭起，学生萌发出智慧之花，洞开了思维的空间。正如她所说："课堂要有温度，要像一条流动的小河。我和学生的生成，我自己是饱满的。我必须要用我的这根火柴，点燃学生，让学生燃起熊熊大火。我加大声音、动作力度，对学生既有力量的抚摩，也有大幅度夸张的表情。我指导、引导、鼓励学生，很爽，很舒服。老师时时有温度，堂堂见温度，才能让孩子有温度。"

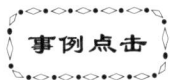

事例点击

小帆的变化

今天是星期三，平时最调皮捣蛋的小帆，今天最早一个乖乖地坐在位置上等着老师来上课。上课时，小帆不但能够认真听讲，还能积极地回答老师提出的问题，表现得很不错。在即将下课之时，我对小朋友们说："今天上课，小朋友们表现得不错，有一个同学进步非常明显，老师要奖励他一朵小红花。"这时，小朋友们都目不转睛地看着我，小帆显得特别着急，可能担心我说的不是他。当我叫到他的名字时，他高兴得一下挺起自己的腰杆儿，自豪地说："谢谢老师，谢谢大家。"

（三）归因指导的技能

学生面对学习中的各种评价，如考试的成功与失败、教师的表扬与批评等，不能不产生种种情感与认知上的波动。而学生一旦产生挫折感甚至习得的无力感，就会导致成就动机的弱化和自我效能感低下。因此，教师必须对其进行情感与认知辅导。其中颇受关注的是认知侧面的"归因指导"和"归因训练"。其基本的依据包括韦纳的归因理论、凯利的三度归因理论和班杜拉的自我效能理论。归因是指学生对自己的学习成败进行分析，指出其性质或推论其原因的过程，也就是对自己的行为原因加以解释和推测。在教学活动中，学生在课堂上回答教师提出的问题之后，在作业完成之后，尤其是考试之后，都会自觉不自觉地进行归因。有的学生过高评价自己，认为自己头脑聪明、思维敏捷；有的过分强调客观原因，埋怨家庭学习环境不好、自己头脑天生就比别人笨；有的错误责怪他人，认为教师没帮其复习好、家长没对其辅导好，甚至认为教师阅卷评分不公正。一般来说，正确的归因能促进学生进步，而错误的归因则会妨碍学生的进步。因此，教师要对学生的归因进行指导。

把归因行为融合于教学过程中是指导学生进行正确归因的最基本途径。比如在做课堂练习时，轮到学习比较困难的学生时，教师有意识地选择相对容易的题目，使学生答对从而体验到成功，有利于他继续努力学习，取得更大进步。再如，在测验或学期考试结束时，教师要求学生及时对考试结果进行原因分析，肯定正确归因，指导学生改正错误归因。

事例点击

化解曾凡同学对历史学习的恐惧

生：我基本上能做到把其中两个选项排除（基本思路是对的），但剩下两个选项我就分不清哪个是对的，做题时找不到感觉。

师：是否对历史有点儿恐惧？

生：有点儿，以前不觉得。最近几次成绩拿出来，大家都很可惜我历史太差，特别是现在面临中考，要有总分观念，不能偏科。

师：课后一般花多少时间学习历史？

生（有点儿不好意思）：几乎不花。

师：为什么？

生：平时数学、英语花时间较多（比较喜欢，不自觉地经常去做做），就逐渐把历史排挤掉了，好像不太会想着去看历史，可能不太感兴趣……

通过谈话，我了解到，曾凡之所以"学不好"历史，症结主要有两个：

第一，一直存在着恐惧感，一向认为历史考不好。

第二，由于对历史不感兴趣，不喜欢花时间学历史，致使对历史没有感觉，从而形成了恶性循环。

针对曾凡学历史存在的症结，我们共同制定了解决的对策与方案。

通过考试，发现学生的差异；通过归因，找到问题的症结；针对症结，制定解决的方案。一步接一步，一环扣一环，通过教师耐心细致的归因与反馈工作，学生对失败也可正确归因。

事例点击

一样的口述能力，异样的口吃原因①

我班有四个同学口述能力较差，乍一看，似乎都有口吃的毛病，但仔细调查辨别，发现他们各有不同。第一个同学说话时舌头似乎短了一点儿，经过再三了解分析，找到了其口齿不清的症结所在；第二个是独子，父母十分娇惯，视上中学的儿子为幼儿，讲话时停顿多，规范性差，孩子耳濡目染，形成了习惯；第三个是小时候学口吃的人讲话，自己也逐渐口吃起来，想改，但一站起来说话就紧张，越紧张越说不清；第四个是思维比较迟钝，对外界事物不能迅速做出反应，因而说话疙疙瘩瘩，含糊不清。弄清楚他们口述能力差的原因，才可能寻找出最恰当的方法来纠正毛病，提高能力。对第一个同学，先从生理上解决，请医生诊断，手术治疗，然后进行说话训练。对第二个同学，与家长联系，剖析家庭语言环境的重要，请家长说话注意语句的完整；再帮助该同学进行单句训练，让他阅读口语化的材料，从简单的说话开始。对第三个同学，注意用"稳定剂""安慰剂"，逐步消除他的紧张心理。对第四个同学，着重训练其思维的灵敏度，并指导他想清楚了再说。

四位同学虽然口述能力都比较差，但产生的原因却完全不同。于漪老师根据四个学生的不同特点，采取了不同的指导措施，收到了显著效果。

（四）反馈调节的技能

反馈是控制系统的基本方法和过程。教学过程是一个控制系统，人类的

---

① 于漪. 我和语文教学［M］. 北京：人民教育出版社，2003：121.

学习是一个反馈过程。所谓学习的反馈，即将学习的结果提供给学习者，使学习者知道学习的结果，从而做到发扬成绩，克服缺点，纠正错误，不断进步。教师对于教学活动的动态调节与控制，正是通过学习反馈而实现的。

在学习系统中，将学习活动结果回授，即将学习的结果提供给学习者，也是一种反馈，称为学习反馈。学习评价的实质就是提供反馈信息。这种反馈信息，或者是外部提供的，或者是内部提供的。它们的功能在于：第一，对学习活动本身可起到检验、核对和调节作用，使学习者不断明确学习目标，调整自己的学习行为和内部心理活动；第二，对原来的学习动机起到强化或修改作用，从而提高学习效果。正确运用学习结果的反馈作用，是有效学习所不可缺少的。

课堂教学是一种依据目标、导向目标的实践活动。不管事前的教学设计有多周密、多完善，都免不了在充满活力的课堂情境中出现"变数"，因此，根据教学目标调整教学进程的速度和教学内容的密度，根据学生学习的状况调整教学的方式方法，可以说是常见的事。有时，针对学生普遍存在或最易出现的错误反应或动作进行"补救性"教学，或者对原定目标加以延伸与拓宽，进行"补充性"教学，也是调整的应有之义。

教师的反馈调节技能，是指教师在课堂教学中，有意识地收集和分析教与学的状况，并根据教学目标对教与学的活动加以调节和控制，以促进和增强学生反应和保持学习力量的一类教学行为。

反馈调节技能有以下作用：

（1）反馈调节是完成教学任务、实现教学目标的必要条件。没有反馈强化就无法对趋向目标的活动和过程进行调控，课堂教学也就不可能有效地完成任务。

（2）反馈调节是促进学生学习、提高学习效率，使学生"学会怎样学习"的重要因素。研究表明，学习反馈是学习过程的有机组成部分，它直接影响着学习的进程和效果。学生学习行为的形成和改善，良好学习行为习惯的养成，都离不开反馈强化。

（3）反馈调节对激发和维持学生的学习动机具有重要作用。正确而恰当的反馈强化，不仅作为外在诱因直接激发学生的学习动机，还可能通过"自我"机制影响学生内在动机的形成和发展。

（4）反馈调节有利于课堂教学中师生之间的良好沟通，是组织课堂活动、稳定学生注意、维持学习秩序的有效手段之一。

（5）反馈调节是引导学生正确理解教材内容，通过"双补"促进全体学生发展的重要环节。从方法的角度说，反馈可以是肯定和赞许，也可以是在批评中暗示教师的期望，还可以是建设性的引导和指点。但不论采取何种手段，反馈调节方法都应当切中要害，有的放矢。

事例点击

关于"反馈"的两个心理学实验

一、反馈方式对学生学习成绩的作用

美国心理学家佩奇曾进行过一个规模宏大的实验。他以 12 个中学教学班共 300 多名学生为被试对象，把每个班的学生分成三组，对三组学生的作业成绩给予不同的评定。第一组只评甲、乙、丙，丁之类的等级，无评语；第二组除标明等级外，按照答案特点，给予适当的矫正或写出相应的评语；第三组是事先由研究者编制出千篇一律的评语，如"甲等"都评以"优异，保持下去"，"乙等"都评以"良好，继续进行"，"丙等"都评以"成绩一般，务必努力"，"丁等"都评以"试试看，提高点儿吧"等这类特殊评语。实验结果表明，三种不同的评价处理方式（无评语、相应评语、特殊评语）对学生学习成绩的影响有明显差异。以"相应评价"最佳。

这个实验结果也表明，来自学习结果的检查、评定和评价的反馈信息，对激发学生学习动机、改进学生学习活动方式、提高学生学习成绩均有一定的促进作用。因此，教学中应当充分利用学习结果的反馈信息，以激发学生的学习动机。

二、一个真实的实验

曾有这样一个实验：把一班学生分成三组，每天学习后进行测验。教师对第一组每日告知其学习结果，对第二组每周告知其学习结果，对第三组则不告知，即不给予任何评价信息。如此进行八周，三组学生的学习成绩明显不同。第一组最好，第二组中等，第三组最差。八周以后，改变方法，使第一组、第三组对换，如此进行八周，则成绩也随之改变，第一组由最好变为最差，第三组由最差变为最好。

很显然，反馈促进了教学过程的进程，提高了教学效率。但有时反馈必须建立在测评的基础上，才能真正发挥其作用。

反馈调节的技巧：让"批评"变得"亲切"①

一位教师对一位"除了学习什么都行"的男同学进行教育时，是这样反馈信息的：

期中考试后，根据他的学习成绩，我在他的数学试卷上写下了这样一段话："火车脱轨，不堪设想；人若脱轨，难以造就——你已有危险的苗头！数学 80 多分，说明了什么？你很聪明。语文 50 来分，披露了什么？你太懒惰！在你眼里：散漫即潇洒，逞能便为英雄！殊不知，它使你男子汉的魅力荡然无存！"

当他有了强烈的上进意识，并有积极的进步表现时，我及时地给予了表扬，但他仍未改掉拖拉散漫的坏毛病，还犯过两次大错误：抽烟、打架。这时，我专门为他制作了一个书签，上面写着："一步走不完长征路，长征却少不了每一步。一步登不上高山顶，一步却能摔下深山谷。在人生崎岖不平的道路上，请珍重你的每一步！"

一段话语、一个书签，对症下药，有的放矢，针对学生的"偷懒""散漫"，用极富哲理的语句促其警醒，用显而易见的后果逼其归正。

（五）针对差异的技能

课堂教学的集中性和统一性提高了教育的"效率"，但也产生了忽视人的个性与多样性的弊端。课堂学习评价应当着眼于学生的个性化发展，尊重差异。

人类长期以来的演进与发展所形成的适应环境的能力具有多元的形态，同样，每个学生的自身发展也存在着个性的差异。课堂学习评价应当承认和

---

① 梁恕俭. 课业评语，师生沟通的另一扇门 [J]. 少年儿童研究，2009（14）.

尊重学生个体之间存在的差异，认识到差异是绝对的，而一致性是相对的。承认和尊重学生的差异，能够唤醒学生自我存在的意识，让每个学生看到自己的闪光点，意识到自身的价值，进而激发其蕴藏深处的潜能。学生的个体差异不仅表现在他们的经验和理解能力方面，还具体体现在学习方式和学习策略的应用方面。优质课堂学习评价将学生的个体差异视为一种宝贵的课堂资源，利用差异丰富课堂，运用差异展开对话。可以说，优质课堂学习评价能消解任何绝对的课堂权威，尊重多元差异的存在，精心呵护来自不同背景、不同个性、不同层次的教师和学生，没有阶层、民族、宗教和性别歧视，每个人都是平等的课堂拥有者和参与者。

尊重差异的教学与评价，不仅要关注学生的共性，还要关注学生的个性差异，在教学中将共性和个性辩证地统一起来；不仅要关注学生个体间的差异，还要关注学生个体内的差异，从而促进学生优势潜能的开发；尊重差异的教学与评价，强调满足不同学生的学习需要，但不是消极适应，而是从个体的情况出发，引导学生学会学习，从而促进他们发展；为了满足学生的不同需要，教师首先要转变观念，教学中给每个学生均等的学习机会，将学生的差异作为资源来开发，全方位地构建面向全体、照顾差异的教学与评价策略方法体系。

事例点击

比尔的改变

比尔是那种安安静静、规规矩矩的学生。这样的学生，你把他作为一道屏障，安排他坐在爱在课堂上打闹说话的学生之间最合适。他很少引起别人的注意，也从不举手主动回答问题。如果你向他提问，他会绞尽脑汁给你一个恰当的答案。他上课从不迟到，从不要求在上课时离开教室，从不质疑教师的教导和对作业的要求，也很少在班上与邻座来往；他看上去总在专心听讲。因此，起初比尔并没有引起我的注意。

然而，本学期过了几周后，我发现，比尔正在成为一种难以分类的问题学生，他不做作业了。这实在令人担忧，如果维持现状，他迟早会退学。

按照格拉瑟的理论，我首先应该营造一个关怀的氛围。我决定在比尔每天进教室时，装作不经意地看见他，向他微笑，打招呼。我一向这样随机地对待我的学生，因此，这种关注不会引起他过分的好奇。但我每天如此，直到这种问候成为我们彼此间的一种习惯。第二步是奖励比尔。比尔得到了"本周杰出运动员"奖，当然，为此我表扬了他，还把他的新闻照片贴在教室的"班级英雄"布告板上——凡获此殊荣的人都在某些方面受人敬佩。看到自己的照片，听到同学的赞语，我相信，比尔的胸膛一定会挺高三寸。

我还调整了教学计划。首先，作文题目更加灵活，让比尔（和其他学生）有更多选择。其次，我开始评估比尔的学习方式，即通过分析哪些作业类型他完成得较好，通过与之交谈获得反馈。第三，我开始用一种不同的方法给比尔的作文打分。据此，我让比尔与自己竞赛，这样，他不断地进步也就理所当然值得表扬。接着，我安排比尔参加了一个同学学习计划小组。其中，在学习上和同学关系上，比尔都得心应手。

结果不用说，比尔进步了。教师对比尔提出实事求是的要求，增强了比尔的自信心，为比尔创造了一个更舒心的环境，使比尔成为尽力发挥其潜力的学生。

尊重　激励　宽容[①]

我教的六（一）班有位名叫龚剑的男孩儿，且不提他说英文句子有困难，即使说单词也不甚准确，听说以前他最爱的只有一门学科——体育，其他任何学科于他而言都是令他头疼的科目。由于排行榜制度着重点落在关注学生每一阶段的进步尤其是学困生的进步上，我对包括他在内的一些学英文有困难的学生无论课堂内外都多加鼓励，有意识地将一些容易回答的问题留给他们回答，现场加分，这样由鼓励他们说最简短的单词，而后开始让他们试着说简短的句子。龚剑学习的积极性别提多高了，课堂上抢着发言，不会的东西会缠着同学教他，然而到学期末英语考试成绩出来，他仍是不及格，怎么办呢？看着他难过的样子，我告诉他："知道吗？其实我觉得你有这样的成绩我已经非常感动了。进步是有一个过程的，我相信你只要一直这么努力下去，下次考试就一定能及格。让我们一起努力吧。"不仅这样说，我还在他的报告

---

① 陈莹. 尊重　激励　宽容——小学生英语形成性评价实施案例[EB/OL].2007-06-15. http://fzxpj.cersp.com/XSPJ/xx/200706/2808_2.html.

册上写下了这样的话："虽然龚剑同学此次考试成绩不理想，但这是基础不扎实的原因。作为教师，我看到了他在这个学期付出的全部努力，我很感动，也希望家长对他这种坚持不懈的学习态度予以表扬！相信坚持下去一定会取得好成绩！"

新学期开始后，龚剑越发努力，同学们都说龚剑变了，变得爱学习了。大家都说龚剑现在有两门最喜欢的学科——体育和英语。从中同学们更发现了一个道理：其实人都是有无穷潜力可发掘的！看到以龚剑为代表的许多学生的变化，我作为教师感到惊喜，感到骄傲，也越发意识到激励对于一个学生所产生的影响。

为了能使学生持续发展，保持旺盛的学习欲望，教师采用了"排行榜制度"，其最大的优点是纵向比较，即自己和自己进行比较。对于学习有困难的学生而言，这种制度让他们卸掉了身上的包袱，使他们明白：自己不需要与别的同学去比较，自己每天奋斗的目标就是战胜昨天的自己，取得比昨天更好的成绩。

用"表扬"化解"难堪"①

在一节公开课上，一个平时不爱发言的学生竟然在迟疑之下举起了手，教师微笑着鼓励她站起来朗读课文。这是一个学习基础不太好的学生，当她不太流利又不够准确地读出指定的段落后，小朋友们早就纷纷高举小手要给她指出缺点，甚至有个别性急的孩子已经叫出口："她读错了！"意识到自己要成为小朋友们批评的对象，她是那样局促不安。这时，教师没有急于让小朋友们评价，而是走到她身边，抚着她的肩，亲切地对大家说："在小朋友提意见前，老师先要表扬刘丹小朋友。（小朋友们满脸的疑惑）今天她第一次在这么多老师的面前勇敢地站起来发言，大家觉得她是不是很有勇气呢？"话音刚落，教室里响起了一阵热烈的掌声。接下来，当小朋友们真诚地为她指出朗读中的不足时，她已没有了刚才的难堪，很愉快地接受了同学的帮助。最后教师也不忘鼓励："老师相信，有这么多小朋友的热情帮助，再加上刘丹自己的努力，她一定会进步得很快，下次她一定会读得更好。"

---

① 吕型伟. 直面差异：来自杭州天长小学的教育叙事 [M]. 北京：人民教育出版社，2004：204.

（六）发展特长的技能

"发现和发展学生多方面的潜能"，是基础教育课程改革对学习评价的要求；中小学教育质量综合评价的指标框架也把"兴趣特长养成"列入了学习评价内容。重视学生个性发展、差异发展是当代教育评价发展的趋向之一。从学习评价的角度来说，学生的"学习特长"反映了他们之间素质的横向结构差异，可纳入"差异评价"的范畴。

1. 学生"特长发展"的内涵

在学习评价的视野中，学生的"特长"主要表现在学习与发展上的个性心理差异。"个性心理"，一是个性倾向性系统、心理的动力系统和自我测量系统，包括需要、动机、兴趣、爱好和理想、信念、价值观以及自我意识等；二是个性心理特征系统，包括智能系统、气质系统和性格系统。教育部颁布的《关于推进中小学教育质量综合评价改革的意见》中，有关"兴趣特长养成"的关键指标有三项，即好奇心求知欲、爱好特长和潜能发展。这些都基本属于个性心理特征的范畴。

从目前学习评价研究的现状看，由于关注个性心理特征的整体性与关联性，因此对认知因素与非认知因素互为因果和相互作用有了更深的理解，往往从"智能"的角度去把握学生学习中的"特长发展"，这方面积累了较为丰富的资料。

2. "多元智能"理论对特长的阐释

美国哈佛大学教育研究院的加德纳教授提出的"多元智能"理论认为，智能指的是"人类在解决难题与创造产品过程中所表现出来的，为一种或数种文化环境所珍视的那种能力"，或者是"解决问题或制造产品的能力，这些能力对于特定的文化和社会环境是很有价值的"[①]。与传统智能理论不同的是，加德纳提出了多元智能理论，即："个体用以解决自己遇到的真正的难题或生产及创造出有效产品所需要的能力，其基本性质是多元的——不是一种能力

---

① 霍华德·加德纳. 多元智能 [M]. 沈致隆，译. 北京：新华出版社，1999：16.

而是一组能力，其基本结构也是多元的——各种能力不是以整合的形式存在而是以相对独立的形式存在。"①

加德纳对"智能"抱持的基本理念为：第一，智能并非与生俱来就是固定或静态的；第二，智能可教、可学、可提升；第三，智能是一种多向度的现象，展现于大脑，心灵和身体等系统的多种层次。他强调人类智能至少包含下列八项智能：语文智能、逻辑数学智能、肢体动觉智能、音乐智能、自然观察智能、人际智能、内省智能及视觉空间智能。

多元智能理论告诉我们，每个学生都是多种不同智能的不同组合，每个学生都有自己的优势智能及学习风格和方法，我们应该对学生持有一种目的回归、主体多元、内容全面、方法灵活的"发展性学业评价观"。②

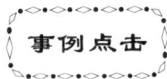

事例点击

一个特色作业的智能展现③

一教师在教学古诗《静夜思》后，要求学生根据自己的兴趣和特长，以不同的形式来表达李白的思乡之情。喜欢绘画的可以画一幅画，以美丽的月夜，体验李白"举头望明月，低头思故乡"的情感；喜欢古筝的，可以用悠扬的琴声来表达与李白的共鸣；喜欢朗诵的，可以以吟诗的方式在情境中抒情；喜欢写作的，可以以书信的形式向家人表达自己的思乡之情……

以上案例中，教师根据学生兴趣和特长方面存在的差异，投其所好地布置作业，把作业设计成音乐、绘画、诗歌朗诵、文字创作等形式，充分照顾到了每个学生的个性潜能。每个学生以自己比较擅长的方式完成作业，既保证了作业的质量，也调动了学生的积极性。试想，如果教师要求学生以统一的形式完成作业，比如统一要求用写作的方式，那么擅长绘画、唱歌和朗诵的学生，其积极性势必会受到压制，作业质量也难以保证。

---

① 霍力岩. 加德纳的多元智力理论及其主要依据探析 [J]. 比较教育研究，2000 (3)：38—43.

② 田友谊，邱月. 学业评价观的变革：反思与构建 [J]. 教育测量与评价（理论版），2011 (5)：4—8.

③ 边玉芳，蒋芸. 作业展示性评价：学生学业评价的一个重要组成部分 [J]. 教育理论与实践，2004 (13).

　　其次，对作业的评价标准也要体现分层评价的理念。不同层级的学生，只要是在自己的层级中发挥出了较好的水平，就可以得到最高分，就可以得到"优秀"的评语。比如语文的"日记"作业，对于学习基础比较好的学生，可以规定每周写 5 篇，每篇 500 字；而对于学习基础不太好的学生，可以规定每周写 3 篇，每篇写 200 字。只要学生完成了规定的任务，就可以得到"优秀"的评语。

　　再次，对作业的批改也要体现分层评价的理念。在对作业的批改中，教师要注意对具体题目的分层评价；当发现问题时，要仔细分析，找出学生出错的原因及其以后要吸取的教训。对于中低层级学生的作业，要按照"按步批改"的原则，对一步就打一个"√"，使他们看到自己的进步和存在的不足；不要只打一个"╳"，使他们只看到自己的失败，这样会挫伤他们学习的积极性。[①]

3."多元智能"的评价方法

　　加德纳对评价十分重视，他认为"评价是多元智能教育的组成要素"，"评价在教育中扮演了中心的角色"，只有"认识到且设计出能够公正地评价每一智能的方法，多元智能理论才能真正受到重视"。因此，基于多元智能理论视野下的学业评价，可以根据加德纳提出的八种不同智能类型而采用八种不同方式的智能评价方法。

表 5-1　八种智能评价方法

名称	评价指标	活动	代表人群
语言智能评价	语言文字掌握能力	讲故事、参加辩论赛、绕口令、写日记	诗人、文学家
数学逻辑智能评价	逻辑推理与科学分析能力	估算、心算、制定日程表或数据图	数学家、科学家

---

① 李玉芳. 多彩的学生评价 [M]. 北京：教育科学出版社，2009：71—72.

续　表

名称	评价指标	活动	代表人群
空间智能评价	在头脑中形成外部空间世界模式并加以运用的能力	拼图、走迷宫、堆积木或制作立体模型	水手、工程师、雕刻家、画家
音乐智能评价	对音乐的欣赏、感受与表达能力	唱歌、作词、谱曲、打节拍、弹奏	歌唱家、作曲家
身体运动智能评价	运用身体解决问题或制造产品的能力	广播体操、舞蹈、手工艺、模仿动作	运动员、舞蹈家
人际关系智能评价	理解他人、关心他人的能力	团体运动、分工合作、结交朋友、角色互换	销售商、心理医生
自我认识智能评价	建立准确而真实的自我模式的能力	写自传、检讨、制订计划、记录生活	哲学家、心理辅导师
博物学家智能评价	对自然界的生物进行辨别和分类的能力	收集标本、饲养动物、种植花草树木	动植物学家

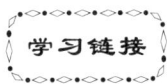

学习链接

落实多元智能评量的方法①

雷吉尔在《落实多元智慧教学评量》一书中提出研究和评价多元智力的一系列方法，现简述如下：②

以学生行为日志为基础的评估

持续观察学生在各种学习课程或活动中的表现三到四周，注意发觉具有

---

① 雷吉尔. 落实多元智慧教学评量［M］. 郭俊贤，陈淑惠，译. 台湾远流出版事业公司. 2000：59—84.

② 雷吉尔. 落实多元智慧教学评量［M］. 郭俊贤，陈淑惠，译. 台湾远流出版事业公司. 2000：59—84.

一致性的行为形态，从这些行为表现可以了解学生的智力状况。例如内省行为包括：①有高度的直觉或"常能突发奇想"；②沉静的、极度自我反省与醒觉；③问题切中要害，有热切的好奇心；④能够以各种方法表达自己的内在情感；⑤注重自我，独立自主，不在意他人的看法。

以智力技巧游戏为基础的评估

在教室四周设计一系列的智慧游戏站或中心，说明每一站的主题与内容，然后让学生选择他们想要去的站，也鼓励他们每一站都去试试，持续几周观察学生玩游戏的情况，看看他们是否投入，是否理解游戏规则，是否自信快乐，以及技艺高低等情况。如视觉—空间游戏包括：①需要观察形态局势的游戏，如西洋棋、象棋等；②图解游戏，如连连看等；③想象游戏，如拼图或是找出"图中哪里不对劲"的游戏；④需要找到方向感的游戏，如就地取材游戏或是阅读地图的挑战游戏。

以智力焦点为基础的评估

让学生欣赏一部充分展现出各种智力的影片、戏剧或是电视节目或有美丽的场景、高品质的音效、动作丰富等的好剧本，等等，然后引导学生进行讨论，观察他们注意力集中的所在以及回忆、想象和认知节目等情况。比如人际的讨论问题包括：①在这些角色里，你观察到哪些关系？②如果你可以选择其中一个角色作为朋友，你会选择谁？为什么？③在一个团队或合作小组中，你会分派给每一个主角扮演什么角色？

以解决复杂问题为基础的评估

让学生置身于解决问题的任务之中，在学生努力寻找答案的过程中，激发他们的智力行为，注意观察各种反映着不同智力的问题解决策略的运用情况。比如自然观察者的解决策略有：①关于环境形态与关怀的策略；②自然界的类推；③想要到户外解决问题；④借用"自然的操作物"；⑤自然的环境影响策略。

以发明为证据的评估

提供给学生设计或构想一个计划的机会。在教室中设计一些工作站或小型实验室，放置体现不同智慧的工具。给学生时间去构思和观察，看看哪一间实验室吸引他们，以及一旦开始创作，他们想做些什么。比如在身体—动觉智力站提供戏服、化妆品、运动设备以及建造或发明某物所需的材料。其计划构想是：①创作一出戏剧、角色扮演或默剧；②舞蹈（包括传统与创新或原创的）；③创作舞台上的活人造景；④创造身体运作规则（肢体语言、姿态、运动）；⑤建造某物。

以语文技艺为基础的评估

它要求学生以有效的语文沟通来展现他们的知识和学习，这些评估都要求学生使用语文智力的特殊能力：理解文字的次序与意义；说服别人采取行动；解说或教会别人做某事；从他人的说明、书面文字或听到的幽默故事、记忆与回忆中学到某事；元语言分析（使用语言去研究语言）。以语文技艺为基础的评估工具有书面论文、字画问答比赛、语文信息的回忆、录制声音记录、诗词创作、语文式的幽默故事、正式演说、认知性辩论、倾听与报告以及学习日志与日记。

以认知形态为基础的评估

它要求学生要透过逻辑与分析的思考历程来表现所学。这些评估要求学生运用特殊的逻辑——数学智力的能力：抽象形态的辨识、演绎与归纳推理、辨认逻辑关系与连接、各种复杂计算的演算以及科学推理。学生可以借助以下工具展示所学知识：认知组体（以图形展示所学）、高层次的推理、形态的游戏、摘述要点、逻辑与推理游戏、心灵清单与公式、演绎推理、归纳推理、计算过程、逻辑分析与批判。

以想象力为基础的评估

要求学生创作视觉的展示与心像，借此来评估他们的知识与学习。这些评估要求学生使用一些与视觉—空间有关的特殊能力：活跃的想象力、形成心像、图像表征、在空间中找出路、辨识物体间的关系、意象操纵以及从不同角度感知物体。其评估工具有：壁画和混合画，图像表征与视觉图解，视觉化与想象力（把研读内容经想象形成图像，然后描述之），阅读、理解与制作地图，流程图与图表，雕塑与建造，想象的对话，网络化，录像与照相，操作示范。

以表现为基础的评估

要求学生透过实地的演练或行动来展现其所学知识。这类评估要求学生必须具备使用身体—动觉智力的能力：各种动作活动的控制（包括有意的、无意的或有计划的身体动作）、身心连接、透过身体扩展意识、提升身体功能以及模仿能力。其评估工具有：研究室的实验、戏剧化、原创舞蹈、比手画脚和模仿、扮演、活人画、发明的计划、体操与游戏、技艺示范、透过肢体语言与姿势来解说。

以听觉为基础的评估

要求学生透过聆听和制造声音来展示其所学知识。这类评估要求学生具备使用音乐—节奏的智力：欣赏音乐的结构、有敏锐的音感、旋律与节奏的创作与复制以及透过音调、振动与节奏形态来表达思想和感受。其评估工具有：创作概念歌与饶舌歌、用声音解说、辨认旋律的形态、谱曲、用概念把音乐和节奏连接起来、编管弦乐曲、辨识音调的形态与品质、分析音乐的结构、复制音乐与节奏形态。

以关系为基础的评估

要求学生以自身为团体一分子或分工合作来展现他们的知识与学习。这类评估要求学生使用人际智力的能力：语文与非语文的沟通技艺、能细心体会他人的心情与动机、在团体中合作、对他人的同情心、辨认他人行为下蕴藏的意图与观点等。其评估工具有：小组分工合作，向别人解说或教导他人，"思考—配对—分享"（告诉他人答案，该人再传给另一人，依此类推），"接力赛"（先测验某部分，再传给另一人继续完成），提供和接受反馈，访谈、问卷与调查，随机的小组问答，评估队友，测验、训练、再测验。

以内心历程为基础的评估

要求学生通过表达他们对教材的感受，以及教材如何启发或改变他们的自我理解、个人哲学观、信念或价值观等，来展现他们的知识与学习。这类评估要求学生运用内省智力的能力：心意的专注、全心留意、元认知的处理、不同情绪的察觉与表达、超个人的自我感受（没有人是孤岛）以及高层次的思考与推理。其评估工具有：自传式的报告、个人应用的脚本、元认知的调查与问卷、较高层次的问答、专注力测验、心情日记与日志、个人的投射（假如我是……我将……）、自我认同的报告、个人历史的关联、个人的偏好与目标。

以自然观察者为基础的评估

要求学生通过在自然界与自然环境中穿梭，来展现他们的学习与理解。这类评估要求学生运用自然观察者智力的能力：辨识自然界族群、将自然形态制成图表、认识并与自然界沟通、区分物种的成员以及辨识相近种族的存在。其评估工具有：动手做的实验或示范、种族或自然形态的分类、与大自然邂逅及田野调查、环境的回馈、大自然的观察、照顾植物和动物、感官刺激练习（亲历大自然的音色气等）、力行自然保育、典型的形态认知以及对自然世界的模仿。

通过这些多元化的评估方法并结合具体教学实践，我们就可以设计出符合现代教育理念、课程发展和教学评估需要的丰富多彩的多元智力评价程序。

4."多元智能"评价工具的选择

（1）表现性评价的工具[①]

多元智能理论认为，评估和测验时应该长期观察学生在各种活动和学习事务方面的参与情形，采用以表现为基础的直接评价方式，广泛运用各种各样的测试工具，如检核表、等级量表、观察记录和问卷等，以求对学生的知识和学习能力提供一个更完整、正确和公平的描绘。它可以显示学生的长处和短处，并提示我们应该如何使学生把智力潜能发挥到极致，而不仅仅是考察学生的缺陷。多元智能理论研究者支持真实评估和表现性评估方式：表现性评估强调在所欲测量项目上的反应，不同学生必须完成或展现评估所欲测量的相同行为；真实评估重视反应表现的情境脉络，学生不仅必须完成或展现指定的行为，还必须在实际生活的脉络下进行。因此评估应成为课程的一部分，而不是在额外的时间加进来，更不是一种孤立事件或与教学毫不相干的事。要把评估置于真实情境之中，在学生做课业题目、从事专题研究、解决实际问题过程中来进行评估；教师要在教学中不断进行评估，给予学生及时的反馈。

（2）档案袋评价的工具

为了记录学生多元智能发展的成长史，档案袋评估方式日益受到关注，

---

①　黄光扬. 新课程与学生学习评价［M］. 福州：福建教育出版社，2005：143.

它是在学生进行自由探索过程中，对他们的智力倾向、学习活动所做的观察记录和资料。这些学习档案的资料可以真实地包括任何事物，既可以是学生自己挑选的本人作品、自我反省、自我认识和自我评价的证据，以及其他能够说明学生个体成长和改变的事物，还可以有教师对学生在各种活动或学习任务中的观察和评价、同学的观察和评价以及来自家长的信息等。档案袋评价以一种具体而真实的方式来展示学生，学生有机会对自己的作品进行修正、美化、评估或是附上解释，把评估统整成学习历程的一部分，其中也融入了学生对这些作品的认同感。

（3）过程中评价的工具①

一是在诊断性评价中创造学习环境（如"学习角"）判断学生的智能倾向。如表 5 - 2：

表 5 - 2 八种智能的学习角

名称	智能类型
鲁迅角	语言智能
华罗庚角	数学逻辑智能
毕加索角	空间智能
冼星海角	音乐智能
姚明角	身体运动智能
比尔·盖茨角	人际关系智能
弗洛伊德角	自我认识智能
达尔文角	博物学家智能

二是在形成性评价中的借鉴。加德纳提出的"项目教学法"，可以启示我们创建一种专题作业形式的研究性学习来完善传统的形成性评价。这种专题作业类似于研究性学习中的主题研究，使学生得以从中发现和发挥自己的特长。

---

① 曾慧秋，田友谊. 基于多元智能理论的学业评价观研究 [J]. 教育测量与评价（理论版），2014（7）.

三是在终结性评价中利用情境化的质性评价。如表 5 - 3：

表 5 - 3　情境化的质性评价案例

活动名称	校园寻宝	
活动方式	利用藏宝地图、文字卡片和图片的信息，以小组合作的方式在校园里寻找礼品宝盒	
所需材料	藏宝地图、文字卡片和图片、音频文件、礼品宝盒、蝴蝶标本	
活动步骤	讨论、猜测礼品宝盒中的物品	语言智能
	阅读文字卡片和图片，获得宝盒的信息	语言智能
	根据藏宝地图想象宝盒的位置	空间智能
	找到礼品宝盒后清点里面的蝴蝶标本	数学逻辑智能
	以小组合作方式利用地图到校园展开搜索	人际关系智能、身体运动智能
	同没有找到礼品宝盒的同学分享蝴蝶标本	人际关系智能
	观看音乐视频对蝴蝶标本的介绍	音乐智能、博物学家智能
	讨论自己的感受和收获	自我认识智能

二、 评价的反馈补救措施

教学评价是为了改进与发展教学，在改进与发展中，反馈是不可或缺的过程与方法。所谓反馈，就是将教学的结果提供给学生，使学生知道学习的结果，从而发扬优点，克服缺点，纠正错误，不断进步。在进行教学反馈时，教师首先要对评价的结果进行恰当解释；其次要找到导致学生成功或失败的原因，指导学生正确归因；最后要制定补救的方案与措施，真正实现学生的改进与提高，达到教学评价的目的。

（一）恰当解释评定的结果

课堂教学评价不仅要给学生一个适当的评价结果，还要把评价结果以恰当的方式解释给学生。评价结果解释的方式体现了不同的评价理念与功能。不同类型的评价，标准不同，解释的方法与结果也不相同。在日常教学中，评价结果的解释形式主要有评分制、等级制、评语式三种。

1. 评分制的解释

分数一直是世界各国最常用的评定学生学业成绩的工具，它是传统教学评价中"根深蒂固"的东西，评分制被认为是"理所当然"之事。

（1）评分制的优点

评分制是我们在评价结果中运用最多的解释方式。它的优点有很多：实用，有效，操作方便，分值划分细致，区分度大，可比性强，能区别学生的学习效率及学习成绩的细微差别，易于进行数学统计，能明确标示学生的发展水平，有利于选拔、竞赛、甄别等活动的开展，对培养学生的竞争意识、进取精神有一定的积极作用。但是，评分制也存在着明显的弊端。

（2）评分制的缺点

在现实教学中，评分制的缺陷暴露无遗——它降低了学生学习的兴趣，阻碍了学生能力的发挥，制造了师生之间的矛盾，等等。苏联教育家阿莫纳什维利在《学校——没有分数行吗？》一书中明确指出：分数是片面的评价结果，具有很大的危害性。他把分数的弊端具体概括为七点：①分数不产生反馈与矫正，不利于学生完善和巩固知识、技能与技巧。②分数是分等的工具，不利于形成和发展学生的个性。③分数使学生产生焦虑与压力，不利于他们的心理健康。④分数导致偶像崇拜，不利于培养学生的认知兴趣。⑤分数使学生产生不良习惯，不利于培养和发展他们良好的道德品质和精神面貌。⑥分数容易引起师生间的对立与冲突，不利于师生关系的和谐。⑦分数使学生产生依赖心理，不利于形成他们独立的判断能力和自我评价能力。

鉴于上述分析，在选择评分制解释评价结果时，教师必须对分数有正确的认识，坚持正确的分数观，不以评分作为评价学生的全部依据，更不把分数作为惩罚学生的手段；应从分数中找问题，把分数作为激励学生努力进取和改进教师教学的手段。

（3）注意事项

虽然评分制受到了很多人的抨击，甚至有人提出了"取消分数""无分数评价"的观点与做法，但也有专家质疑："很难想象，取消了世代相传的评分制，学校还像不像学校。"无论如何，在目前的学校中，依然存在着分数评价。因此，为确保评分制充分发挥评价的正向功能，在使用评分制的过程中，除了坚持常模参照评价和目标参照评价结合外，还应注意以下事项：

·在评分中尊重学生

评价描述的是学生在特定时间内的表现，但评价结果并不能直接推测与之相应的原因。因此，教师在对学生评分前，应多收集一些信息，谨防把分数与学生的其他方面混为一谈，杜绝用分数高低来嘲笑、讽刺、挖苦学生。著名教育家苏霍姆林斯基指出："不应当把知识的评定作为某种孤立的东西从教育过程中分离出来。只有当教师和儿童之间的关系建立在互相信任和怀有好意的基础上时，评分才能成为促进学生进行积极的脑力劳动的刺激物。"的确，教师在评分的同时，更应注入对学生的信任、尊重和希望，让冰冷的分数也"多情"起来。

事例点击

"多情"的 100 分[①]

学完《鸟的天堂》一文，我让学生选择自己喜欢的方式来表达自己对鸟的天堂的喜爱和赞美之情。同学们有的选择表情朗读，有的选择背诵优美语段，有的选择画画。

交流时，当张晗同学拿着自己创作的图画来到讲台前时，教室里发出一阵哄笑，小评委们嚷开了："榕树枝不繁叶不茂，小鸟也只有一只，70 分。""颜色搭配得也不好看，60 分。""画得太小太乱了，60 分。"再看看张晗同学，面对毫不留情的点评，一脸的羞愧。

---

① 邵俊丽."多情"的 100 分 [J]. 小学语文教师，2006（11）.

"老师，我……"其实，我早就看出来，这幅画张晗是动了一番脑筋的，画面虽不美，但却把文章的主要内容及作者的思想感情都涵盖了。"同学们，让我们先听听张晗同学的创作意图再打分好吗？""行！"

"我，我……第一幅画的是作者第一次到鸟的天堂时看到的景象，作者只看到了一棵大榕树，感到很奇怪，鸟的天堂里怎么没有一只鸟？所以我画了一棵大树和一个问号。"开始张晗还有点儿紧张，看到同学们点头称是，底气渐渐足了，越说越流畅，"第二幅画的是作者第二次去鸟的天堂时看到的众鸟纷飞的景象，感到特别激动、兴奋，所以我画了一只小鸟和一个感叹号。"

一个同学站起来说："我觉得应该再给他加 20 分，得 80 分。""大家同意吗？""同意！"异口同声的回答让张晗的小脸上露出了笑意。我在他的画稿上打上了"$60+20+20=100$"的分数。这时，不但张晗感到吃惊，全班同学也都发出了长长的感叹："啊！"

我慢慢悠悠地解释："画面不够美观，所以只得了 60 分；构思新颖，有创新精神，加 20 分；敢发表自己的见解，而且语言流畅，有条有理，再加 20 分。"

全班学生热烈鼓掌。

这个带两个加号的 100 分，不仅极大地尊重了学生，肯定了学生的创新精神，而且比单一的 100 分更具有激励性、针对性。在这个分数中，学生不仅看到了老师对自己的信任，还看到了自己的希望和努力的方向。

· 以分数来激励学生

分数代表的是学生当前在某一学科、某一领域的大体情况，表明的只是学生目前的学习表现，不能代表过去，也不能预示将来。学生的发展是一个动态起伏过程，而不是一个线性过程，因此，教师应以发展的眼光看待学生的每一次测验分数，激励学生取得更好的成绩。

事例点击

可以借还的分数

期中考试后的一天中午，一位男生敲开了我家的门，拿着试卷指着一处打叉的地方认真地说："这种答法是正确的，不应扣分（0.5 分）。"我细心地给他解释为什么是错的，他点了点头。问题已经弄清楚了，但他的脸仍然未"阴转晴"。这时，我拿起红笔，给他加上了 0.5 分，原来的 59.5 分变为了 60分，并对他说："这次借给你，下次考试时还要还回来。"他的脸立即"阴转晴"了，连说几个"谢谢"，满意地走了。

期末考试后的一天中午，这位男生又来到我家，拿着试卷郑重地对我说："老师，这次考试我得了 65 分，期中考试我借了 0.5 分，现在还回来，请扣除 0.5 分。"我笑着说："看到你学习进步了，我很高兴，0.5 分就不扣了。"接着，我问他："期中考试时，为什么要争那 0.5 分？"他道出了缘由："59.5分和 60 分就是不一样，用同学们的话讲是相差一个档次。您给我加了 0.5 分，给了我脸面，回家时好见父母，在班里好见同学。您给了我脸面，我心里时时暗示自己，努力学习，不负老师的信任和期待，一定要补回 0.5 分。学习有了动力，学习起来就有了兴趣、劲头，自然就有了长进。"我语重心长地对他说："考试看分数，但不仅仅是分数；学习要考试，但不仅仅是为了考试，为了分数，为了老师，为了父母，而有更深层的含意。"他接着我的话说："学习是为了掌握知识和本领，为走向社会、光辉人生铺路架桥。"我说："对！说得太好了。希望你不断进步。"以后的三年他真的不断进步，化学成绩一年上一个台阶。

例子中的"借"寄托着教师的期待。教师将理解、鼓励、信任和希望通过"借"传给学生，学生从"借"中体会到教师的良苦用心和倾注的情感，从而内化为"争取"努力学习的驱动力，以学习的进步、成绩的提高返"还"给教师。一"借"一"还"，巧妙地运用了期待效应和情感激励。

· 用分数来教育学生

苏联教育家沙塔洛夫认为：每一个分数都应该成为一种动力，应该引起学生正面的反响，否则分数就失去了它的教育意义。使每个分数都具有教育意义，都成为学生前进的动力，这便是现代教育崭新的分数观，也是我们对分数所应采取的唯一正确的态度。所以，教师在给学生进行评分的过程中，应注意教育学生，把评分的过程看作教育学生的一个手段。

他到底该得多少分①

在一次数学单元测试中，全班只有张强同学一人不及格，得了57分。我在试卷分析讲评之后，将张强带到了办公室，问他想不想补考，他说想。由于时间关系，我给了他一张空白试卷让他带回去重考。

第二天一早，我刚到教室，张强就将重考试卷悄悄地送到我面前，我随即进行了面批，他得了96分，还有一个选择题确实是没有真正弄懂，我再次讲解后他终于明白了。张强拿着那张96分的试卷一蹦一跳地回到座位上，高兴地告诉同桌："看，我得了96分。"谁知同桌鄙夷地冷笑一声："你原来考多少？"张强脸上的笑容立刻僵住了。前排的王民回过头来一副义愤填膺的样子："老师偏心，重考还给他这么高的分！"张强的头低了下去。见此情景，我决定利用晨会课在班上展开一次讨论。

晨会课开始了，我首先在黑板上写下了讨论的主题："他到底该得多少分？"看到黑板上的题目，全班同学都很纳闷儿。

"昨天单元测试，全班只有张强同学不及格，得了57分。张强同学要求重考，我让他把试卷带回去补考，结果他考了96分。到底算哪一次成绩？他该得多少分呢？大家看看，发表一下自己的意见。"

停顿了片刻后，同学们陆续举起了手。李庄理直气壮地说："我认为应该算第一次成绩，因为那是他自己真正考出的成绩，而第二次他是在家考的，不一定是自己做的，有可能是家里人教他的。"

赵毅不满地说："我也认为应该算第一次成绩，因为我们是在学校里考的，都用了一个小时，而他也许用了两个小时甚至更多的时间，这样对我们不公平。"

王民小嘴噘得老高："我昨天考了87分，如果老师给我补考机会，我还能考100分呢！"

其他同学也在纷纷发表各自的观点，几乎都不同意算第二次的成绩。

---

① 王光辉. 他到底该得多少分 [J]. 河北教育（教学版），2008（22）.

在这热烈的气氛中，我走到张强的面前，轻声地对他说："张强，你是今天讨论会的中心，你站起来说说自己的想法好吗？"

张强涨红了脸站起来，怯生生地说："我想应该是算第一次成绩吧。"我走上讲台，看着一张张激动的小脸，说："看来张强同学对自己的要求还是很严格的，我们可不可以鼓励他一下？"这时，我仿佛看到了黑暗中的一线光亮——一只白皙的小手缓缓地举起，可立刻又缩了回去。

"哎，王室，你有什么想法？"王室慢腾腾地站起来，犹犹豫豫地说："不管他用了多长时间，是谁教他的，反正这些题他都会做了，说明他进步了，就可以算第二次成绩。"

听到了王室的话，班上的气氛又热烈起来。于是，我开始引导说："同学们，张强该得多少分，现在有两种意见，你们倾向于哪种呢？"

"还是举手表决一下吧！"不知是谁插了一句。这个办法不错，于是全班进行举手表决。经过统计，结果有近一半的同学同意算第一次成绩，还有一半的同学同意算第二次成绩。在统计过程中，我发现只有一位同学没有举手，那就是平时不爱说话的学习委员孙犁。"孙犁，你刚才为什么不举手，有什么高见吗？"

孙犁若有所思地站起来："我想可不可以算两次成绩的平均分呢？""说说理由，为什么要算平均成绩？"我没有想到她会这么说。

孙犁慢条斯理地说："因为他第一次虽然只考了57分，但他后来经过努力，重考得了96分，说明他有了很大进步。如果算第二次成绩，其他同学又觉得不公平。所以我觉得算两次成绩的平均分比较合适。""好！平均数我们刚学过，孙犁活学活用，将平均数用到这里来了。大家算算看，张强两次成绩的平均分是多少？"性急的同学马上动手算了起来：$(57+96) \div 2 = 153 \div 2 = 76.5$。

"76.5分！"口算速度最快的肖健直接报出了结果。

"那么同意张强同学得76.5分的请举手。"

霎时，全班同学都举起了手。"张强，想说点儿什么吗？"张强站起来激动地说："谢谢大家，今后我一定好好学习，争取下次考到90分以上！"教室里立刻响起了一片热烈的掌声。

"感谢同学们对张强的宽容和帮助。其实，分数并不重要，我们应该正确看待分数。考试不是目的，而是通过考试检验我们这一阶段学得如何，差距在哪里，把不懂的搞懂，最终达到完全掌握。在老师的心目中，张强同学应该得的不是 57 分或 96 分，也不是 76.5 分，而是——"

全班同学睁大了好奇的双眼期待地望着我，我转身在黑板上写了一个大大的"100"。

"哇，100 分!?"

"当然，这 100 分不只属于张强，也属于你们每一个人。因为不管是订正的还是重考的，这张试卷上的内容你们都掌握了。不仅如此，更可贵的是你们还学会了宽容与理解，懂得了友爱与尊重，理解了学习的目的，当然也都是满分。"

每个同学的脸上都露出了满意的笑容，教室里响起了更热烈的掌声……

通过对张强到底该得多少分的讨论，在一次次的争辩中，学生不仅知道了分数的意义，更明白了学习的目的，同时，受到了一次情感教育，学会了理解别人、宽容别人。教师的这种做法教育了全体学生，使评价的教育功能发挥得淋漓尽致。

2. 等级制的解释

等级制就是在评价学生考试成绩时，取消精确的百分制，而采用等级方式对考试成绩进行评价。随着新课程改革的深入进行，由于评分制在学生评价中存在的弊端，等级制越来越受到人们的重视。

一般来说，等级制有优、良、合格和不合格四个等级。相对应的百分制是：85 分及 85 分以上为优秀，75—85（不含 85）分为良好，60—75（不含 75）分为合格，60（不含 60）分以下为不合格。

（1）等级制的优点

① 评定方法简单，易于操作。

与评分制相比，等级制的考查评定方法比较简单，更易于操作。

② 在一定程度上减轻了学生的心理压力。

等级制模糊了学生学业成绩排序的精确程度，在一定程度上缓解了学生及家长对实际学业成绩和相对评价中排序位置的心理敏感程度，从而降低了学生学习中由分数所产生的心理压力，给学生创造了较为宽松的学习环境，更有利于学生的全面发展。

③ 适用范围较广。

等级制不仅可以用来评价学生的认知发展情况，还能够用于对学生非认知领域的评价，因此可以较有效地、较准确地反映学生的整体发展情况。

（2）等级制的缺点

① 具有很强的模糊性。

等级制不容易把握，不容易定级，它要求评价者必须有丰富的教育评价经验，被评价者能从各方面反映出大量的信息供评价者衡量；否则，评价出的等级可信度不高。

② 主观性较大。

由于等级之间的属性没有明显的界限，评价标准也比较模糊，因此，造成在评定等级时难免出现一定的主观随意性。

③ 不利于激发学生学习的积极性。

等级制是种属性划分，不利于明确区分同一等级学生的真实水平。例如，等级制一般规定 85 分及 85 分以上为优秀，尽管分数不能说明一切，但是 85 分是优秀，100 分也是优秀，无形之中打击了一部分学生学习的积极性。

（3）注意事项

实行等级制并不是最终目标，它只是减轻学生过重的负担、促进学生素质发展的措施和手段，评价的最终目的是促进学生发展。要促进学生的发展，关键是要转变评价观念，以正确的评价观为导向，引导学生朝着健康的方向发展。为此，在运用等级制对学生进行评价时，应注意以下事项：

· 与其他评价方法结合使用

任何评定方法都不是完美无缺的，等级制亦如此。因此，在使用等级制对学生进行评价时，应与其他方法相结合，扬长避短。比如，每次作业或测验后，除给学生一个等级外，最好用批语的形式具体指出学生哪些方面有进步，哪些方面还有不足，将定量评价与定性评价相结合。

· 注重形成性评价

新课程标准提倡形成性评价与终结性评价相结合，尤其关注学生成长的过程。因此，评价时不能按一次成绩来评价学生，而是要收集学生平时的表现，综合学生各方面情况对学生进行评价。

茄子的故事①

在一个晴朗的夏日里，我们班来了一个清秀的小姑娘，她的名字叫茄子，是从外地转学到我校上初一的。那一脸怯生生的表情说明了她需要帮助。

第二天的英语课堂上，同学们像往常一样踊跃、热烈地说着英语的时候，她只是默默地看着，很困惑，很茫然。我把目光转向她："茄子，What row are you in?"她迟疑地站了起来，又怯生生地望着我，动了动嘴，然后，摇了摇头。"孩子，你怎么不开口呀?"我心里暗暗着急，"老师不能丢下你，也许今后你会是一块金子啊。"课后我主动找她聊天，才了解到原来她小学没学过英语，听说厦门英语教学从小学就开始了，因此特别紧张，对学好英语没有信心。根据她的具体情况，我对她提出了不同要求，让她从容易的做起，每次进步都给她真诚的鼓励，或掌声或喝彩。

此后几天，情况大致相似。她依然不敢开口说英语，上课发言时常常是同学们焦急的等待换来她结结巴巴不成句的回答。我深知时间的宝贵，也明白教学进度不可耽误。但每次我的心里都存有希望——希望有一天她会开口，因为我更执着于皮革马利翁效应。于是，我和同学们都热切地期待着。有些同学开始小声地提示她，班长甚至攥紧小拳头替她加油，一等她开口了，就给予鼓励："Good!""Very Good!"终于她说出一句姑且称之为句子的话了："I am in—Class—Four—Grade—One."全班同学为之欣喜!

在初一上学期期中形成性评价试验考试中，她得了61分。茄子初尝成功的滋味。信心大增的她开始主动来找我说话，次数日渐频繁，谈她学习英语的感受，从"老师，我以前总是记不住单词"，到"老师，我现在不怕记单词了"。再后来，她说："老师，我现在不怕英语了!"在我忙着的时候，她还主动找我揽活儿："老师，这个我会，我来帮你改!"那种怯生生的表情不见了，

① 高山. 茄子的故事[EB/OL] 2006-05-31. http://www.ycedu.org.cn/jiaoxue/Show Article.asp? ArticleID=2305.

我从她身上看到了自信的光芒，那光芒源自成功的感受。

以后的小测试中她的成绩一次比一次好，现在英语已达到中等程度。

学生是发展的，教师不能仅根据一次测验或一次作业、一次课堂回答问题，轻易地对学生做出评价，而应当重视学生学习的过程，重视学生在学习中的体验，重视师生交流。从例子中我们可以发现，是教师不断的评价鼓励了学生，成就了学生。

· 发挥等级制评价的激励作用

等级制评价作为评价结果的呈现形式，要恰当运用才能发挥评价的激励作用。在设置等级时，可以根据情况灵活设置，发挥等级对学生的激励作用。

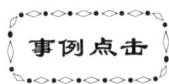

事例点击

"等级制"给我带来欢乐[①]

我是沙窝小学六年级的一名学生，在班里担任少先队中队长职务，曾多次被学校评为"三好学生"。在学校六年的学习时间里，我非常喜欢学习成绩的"等级制"。它把我们从繁重的课业负担中解放了出来。

以前，我们的负担很重。一是课业负担重，学习的内容多，写的作业多，考试的科目多。一到期末，我的心理压力可大了。每次考完试后总盼着成绩早点儿出来，心里不踏实，怕考不好受到老师的批评和爸爸、妈妈的指责。以前，老师每天都会给我们留很多的作业，像抄写生字词等。这些作业一写就写到很晚，使我们第二天上课也打不起精神来。二是我们的业余时间太少了。每天写完作业后根本没有时间参加自己感兴趣的课外活动。有时，我就会望着那蔚蓝的天空想：什么时候我们能像小鸟一样自由自在地飞翔？

现在，我的愿望实现了！实行学业成绩"等级制"后，我的心理压力减轻了，还有了许多业余时间。我先后参加了"剑桥英语"班，增长了英语知识，提高了英语对话能力；参加了北京舞蹈学院开办的业余舞蹈班，增强了体质，训练了美感；参加了长笛班，掌握了一种乐器的演奏方法，丰富了课

---

① 葛嘉."等级制"给我带来欢乐 [J]. 北京教育（普教版），2000（9）.

余生活；还参加了学校的管乐团、鼓乐队；等等。我有了更多时间广泛阅读各类图书，学到了更多的知识，并获得了第三届"世界杯"全国青少年征文二等奖、海淀区科技招贴画比赛三等奖。我还在海淀区"迎春杯"贺卡比赛中获得了一次二等奖、两次三等奖，在海淀区"墨海杯"硬笔书法比赛中获得二等奖，在首届"炎黄杯"全国少儿书法绘画邀请赛中获得三等奖。我广泛地学习知识，真是高兴极了。

从学生的叙述中，可以看出等级制不仅减轻了学生的心理压力，还减轻了学生的课业负担，使学生把更多的时间投入到自己感兴趣的活动中，从而实现了学生的全面发展。

3. 评语式的解释

评语是教师以书面的形式对学生在某一段时期内的思想品德、学习情况、行为表现所做的定性描述，是教师对学生某一个阶段发展情况的综合性评价。它不仅是教师对学生进行评价的一种方式，还是师生进行交流的重要渠道，同时是教师和家长沟通的重要手段。

评语的类型主要有两种：课业评语和操行评语。课业评语指的是在日常教学活动中，教师用文字的形式对学生的学科作业所做的评定；操行评语是指在学期末或学年末，教师对学生一学期或一学年的学习情况、行为表现所做的整体性的评价。在这里，我们主要讨论的是课业评语。

（1）评语式的优点

·适用范围广

单独的分数和等级所反映的信息都是有限的，对于难以用分数或等级反映的问题，可以选择用评语来评价。评语能够比较全面地反映学生的情况，能够挖掘隐藏于分数和等级背后的真实情况，能够关注学生发展的过程，促进学生健康发展。

·促进师生交流互动

评语就是师生之间的对话，它克服了分数的"冰冷"，也克服了等级的"模糊"，通过师生之间真挚、诚恳的交流，给学生以鼓舞、激励，使学生实实在在地感受到教师的热情、期望，从而拥有前进的动力。

·个性化特点明显

评语是教师针对每个学生不同的特点进行的评价，符合学生发展的实际，不会引起学生之间的对比与竞争，淡化了评价的选拔与甄别功能，也不会给学生的心理造成过大压力。

（2）评语式的缺点

·主观性较强

评语式评价没有客观标准，主要依靠平时教师对学生的了解进行评价，因此容易受教师主观因素的影响，难免出现"先入为主""晕轮效应"等现象。

·精确性较差

评语式评价是一种描述式的定性评价，由于语言具有模糊性的特点，所以评语评价结果没有量化的准确，不能精确标示学生的真实发展水平。

·较难评价学生的认知水平

由于评语式评价具有模糊性的特点，使其很难清晰、准确地衡量学生掌握知识的水平，因此，不适合对学生的认知发展水平进行评价。

（3）注意事项

在学生的发展过程中，教师的评语犹如画龙点睛之笔，可以激发学生的求知欲望，提升学生的学业水平，还可以促使学生形成良好的品格。但如果运用不当，也会对学生的心灵造成极大伤害。为此，在使用时应注意以下事项：

·语言简明扼要

由于评语篇幅较短，有时需要几个字或几句话就要指出学生作业或测验中的问题，因此，一定要言简意赅、清楚明了。可以引用名人名言、谚语、俗语等，这样的语言既含蓄深刻、发人深省，又具有权威性，容易打动学生，收到事半功倍的效果。

·风格因人而异

世界上没有两片完全相同的树叶，同样，学生风格也各不相同。教师在写评语时，应根据学生的不同风格，采用不同的语气、格调与之对话，这样会让学生感到亲切、中肯。

儿歌式

黄铁明、黄铁生小哥儿俩是一（三）班的一对双胞胎。班主任老师在给他俩的评语中"唱"起了儿歌："一（三）班，真奇怪。两小儿，一脸面，那就是，铁明、铁生双胞胎。（呵呵）双胞胎，真不赖：讲文明，讲友爱……哇，优点多多，说不完。"[①]

比喻式

一次，笔者在一所学校里，听到了下面这段师生对话：

生：（哽咽着说）我也不清楚我为什么考得这么差。

师：那么，我想对你说：眼泪只能淹没自己，汗水才能将你送到彼岸。与其慨叹成绩的飞降，不如咬牙实干。人，一辈子最要紧的是不要使自己发懒，只要有志进取，就永不为迟！做时间的"吝啬鬼"，你的所得一定很多！

生：老师，我知道我不太用功，可我也不懒呀。

师：是呀，我想送给你一句话：山泉并没有锐利的牙齿，为何能穿透坚硬的岩石？一是它具有永恒的毅力，长年累月奋斗不息；二是它的目标始终如一，向着确定的理想不断前进。你如果能从山泉这里得到启示，学习中定能取得惊人的成绩。

儿歌式评语不仅对学生的描述形神兼备，而且朗朗上口，相信不仅孩子们会喜欢，也容易得到家长的认可。比喻式评语巧用"眼泪"与"汗水"的对比，批评学生的不勤奋，又借"山泉"来鼓励她。这样经过表扬、批评、鼓励的"三明治"，迂回辗转，首尾圆合，看似牵强附会却又信手拈来，在潜移默化中启发了学生。

（二）机智采用反馈的方式

教师不仅要指导学生进行归因，还要通过观察等方式对学生进行归因。

---

① 刘辉. 小学提倡老师写儿歌式评语拉近师生距离［N］. 楚天金报，2010-01-04.

教师在对学生进行归因时，最关键的技术是反馈。如果反馈无效，就会导致归因失败。所以，教师应注意反馈技能的训练，使反馈达到有效。

1. 反馈方式因"人"而异

由于反馈可以采用一系列不同的方式（例如言语的、书面的、统计的、图表的或行为的），也由于反馈接受者——学生的特点各不相同，例如，有的喜欢言语的反馈方式，有的喜欢书面的，还有的喜欢行为的……基于这样的复杂情况，有的研究者认为："反馈的传递方式可影响其效果。"① 因此，向学生反馈信息时，应注意了解学生的特点，因人而异。根据学生的心理特点，常用的方法主要有：

（1）公开"赞美"

俗语说"人人爱听恭维话"，人是需要赞美的，学生更想得到承认。不论是口头表扬，还是书面鼓励，都应外显，即在公开场合中给予赞美，这样不仅让学生感受到了尊重，还激发了学生继续做好或做得更好的愿望。

事例点击

白纸黑字，让赞美更加直观②

一位班主任为了让学生养成良好的学习习惯，制作了精美的喜报，并张贴在学校的"喜报专栏"里。

有个初二男孩在学习上"三天打鱼，两天晒网"，成绩时好时坏。新学期初，他一改往日的反复无常，各项表现令人惊喜，班主任在班会上及时给予表扬，并鼓励他坚持下去。为了进一步肯定学生的在校表现，帮助该生抵制玩乐的诱惑，克服周期性自弃的影响，养成良好的习惯，班主任费尽心思地制作了精美的"喜报"，"喜报"上热情洋溢地写道："制服猛虎非好汉，制服自己的脾气才是英雄！王浩全同学在新学期初，一改往日的散漫，表现出了惊人的自律，这是一个了不起的进步！俗话说"江山易改，禀性难移'，而王浩全同学以顽强的意志打败了恶习的侵袭，以坚忍的精神吹响了奋进的号角……"

---

① 盛群力，马兰. 现代教学原理、策略与设计 [M]. 杭州：浙江教育出版社，2006：424.
② 梁恕俭. 课业评语，师生沟通的另一扇门 [J]. 中学时代，2009（10）.

事实表明，这张"喜报"起到了良好的作用。事后，该生曾在日记里写道："老师在我快支撑不住的时候给了我强有力的援助，要知道：一时想好很容易，最难的是坚持。在三分钟热度过后，我的头脑中就好像有两个'我'在打架，一个是'好我'，另一个是'坏我'；'好我'想的是奋发图强，积极进取，而'坏我'则想的是得过且过，贪图享乐。在这场矛盾冲突中，先是'好我'占据上风，继而'坏我'节节侵犯，正当'好我'准备缴械投降时，老师的喜报似援军一般让我转败为胜……"

学生的心理较简单，你说我脸白，我就天天洗得干干净净；你表扬我好，我就处处显得很优秀。特级教师于满说过："教育的艺术从某种意义上讲就是表扬的艺术，如果我们能注意发现学生的每一个微小的进步并及时给予肯定和鼓励，并且注意表扬的方式方法，让学生真切地感知到你的真诚和喜悦，那么我们的工作就做到家了。"

（2）暗示"期望"

罗森塔尔效应告诉我们：人的情感和观念会不同程度地受到别人下意识的影响，人们会不自觉地接受自己喜欢、钦佩、信任和崇拜的人的影响和暗示。许多教师都是学生崇拜、信任的对象，学生也非常重视教师的期望。因此，教师应经常有意无意地向每个学生暗示或表白对他们的希望。

事例点击

在评语中体现期望①

当看到任劳任怨的卫生委员学习成绩不佳时，我非常担心，但又不知该如何向她说明。一次，作业中有这样一组关联词语："不必说……也不必说……单是……就……"于是，我灵机一动，在她的作业本中写道："想了好久，找不到一个合适的词来表达我对你的感激——不必说早来晚走，管家似的为全班开门、关窗，也不必说打扫卫生多干那么多，还任劳任怨，单是那次你不上心爱的电脑课，为了班级积分而默默地留下来苦干一节课这件事，就让人感慨万千……我们多么希望优秀的你，尽快把成绩提上来。"

---

① 梁恕俭. 课业评语，师生沟通的另一扇门 [J]. 中学时代，2009（10）.

这段评语情真意切，采用欲抑先扬的手法把为师者的殷殷期盼展现在眼前，学生没有理由不为之心动，追求完美的心也会让她尽快行动起来。

（3）机智"批评"

教育不是万能的，表扬也是有限度的。有时，对一些行为散漫、缺乏自制力的学生，教师也要根据实际情况，适时恰当地进行批评教育。

2. 反馈内容因"材"而变

正如反馈方式一样，个人对反馈内容的反应也不一样。总的来说，如果重视以下变量就能使反馈更为有效：一是要符合学生的自尊程度。当反馈内容直接与个人的自尊程度相吻合时，反馈更为有效。自尊心强的学生在接受反馈时往往更依靠自己的感悟；而自尊心不那么强的学生则更依赖外在渠道的反馈信息。二是呈现有效与负效信息。当反馈中既包含适量的有效反馈信息，又有经过筛选的负效反馈信息，那么把二者有机结合起来，以"三明治"的方式进行反馈时，效果更好。三是与学生相互交换意见。在反馈过程中，发送者与接受者相互交换意见时，反馈更为有效。"交互式反馈系统"是良好的反馈系统，在这一系统中，反馈是一个循环圈，是一个双向的过程。也就是说，学生对教师的反馈信息做出反应，如此往复，学生也扮演着积极的角色，发挥了学生的积极性、主动性。

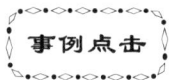

事例点击

备课，预约出的精彩[①]

记得在学生刚刚学习一位数除两位数的知识时，作业当中有这样一道题目：一副手套的价钱是 7 元，一双鞋子的价钱是 84 元，一双鞋子的价钱是一副手套的几倍？

当我让学生做这道题时，学生开始窃窃私语。怎么回事？我让学生说说自己的意见。原来学生觉得这道题书上出错了，因为他们只是学习了一位数除两位数的口算方法，被除数十位和个位上的数都是刚好能被除数整除的，而这道题中 84 的十位上的 8 除以 7 还余 1，对这个"小尾巴"，学生不知道该

---

① 肖川. 名师备课经验（数学卷）[M]. 北京：教育科学出版社，2006：37.

怎么办。"还没学过，那怎么办？"我向孩子们征询意见。有一部分学生却又开始嚷嚷："我们会做，是不是……"学生迫不及待地交流各自的想法了。

①可以把 84 分成 70 和 14，$70 \div 7 = 10$，$14 \div 7 = 2$，$10 + 2 = 12$，所以 $84 \div 7 = 12$。

②$7 \times 10 = 70$，$7 \times 11 = 77$，$77 + 7 = 84$，所以 $12 \times 7 = 84$，所以 $84 \div 7 = 12$。

③$7 \times 10 = 70$，$84 - 70 = 14$，$14 \div 7 = 2$，$10 + 2 = 12$，所以 $84 \div 7 = 12$。

④我没觉得与前面学的有什么不一样，用竖式接着除下去就行了，同样商也是 12。

很多学生不由得点点头。学生展现在我眼前的这些不同的思路令我惊讶，他们是那样的聪慧，一句"我没觉得与前面学的有什么不一样"同样令我惊讶。当我们成人因怕学生学习困难而将知识分割成细小的知识点时，学生的理解却远远超出我们的想象，这就是今天的学生。

例说中的教学反馈，有些是正式的并有计划的，如教师预设了学生会遇到的问题"小尾巴"；有些则是随意的，如学生之间进行的相互交流；还有一些是教师没有预设到的，如"我没觉得与前面学的有什么不一样"等。不论是教师对学生的反馈，还是学生之间的相互反馈，都是双向的，并且形成了正向、负向交互进行的系统。这样的有效反馈不仅提高了教学质量，还改进了学生的行为表现，提升了学生的思维水平。

3. 反馈时机因"时"而定

有了反馈的方式和内容，还需要有反馈的时机，如果时机不成熟，反馈也收不到良好效果。研究表明，当经常地但不是过于频繁地进行反馈时，反馈更有效。

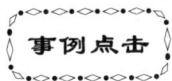

事例点击

我曾是智障者[1]

至今，那一天还寒气逼人地凸现在我的记忆里：黑板前，我诚惶诚恐地

---

[1] 弗雷德·爱泼斯坦. 我曾是智障者 [J]. 袁光荣，恒兰，译. 儿童文学选刊，2017 (7).

描摹着老师要我写的字；写好退后几步时，同学们的哄笑说明我干的"活儿"糟透了。是什么，那么滑稽可笑？我大惑不解。"弗雷德，"老师训诫道，"你把所有的 e 都写反了！"

当我在里弗代尔小学上到二年级时，情况越来越糟：不管多么努力，我都弄不懂简单的算术，甚至理解 2＋2 也有困难。到底出了什么毛病？

到五年级时，虽然很不情愿，我开始自认比别人"笨"，然而，老师赫伯特·默菲马上来纠正了这一看法。那天课后，他把我叫到一边，递给我交上去的考卷。我窘迫地低下头：每个答案后面都打着"✕"。

"我知道你懂这些题目，"他说，"为什么我们不再来一次呢？"他叫我坐下，挨个儿问考卷上的原题，我一一作答。

"答得对！"他微笑着连连说，脸上的光彩在我看来足以照亮全世界。"我知道你其实懂这些题目！"他边说边在每一道题后都打上对号，把分数改成及格。

默菲先生还启发我利用词语间的联系来帮助记忆。例如，从前我每遇到单词 social（社会的），不知怎么回事，总读不出来，它在我眼里就像凶神一般可怕。"试试用这个办法去记，"默菲先生建议，"假设你有个朋友叫 Al（艾尔），他会修自行车，有一天，你的自行车坏了，'So see Al（于是去找艾尔）'把车修好。以后你再遇到 social，想一想 So see Al，就知道怎么读了。"这法子真灵！

最后，我经过刻苦努力的学习，在父母的帮助下，考进了纽约医学院，成为一名儿童神经外科医生。

的确，文中的默菲先生很好地运用了掌握学习理论，及时地给"我"开出了诊断的处方——利用词语间的联系来记忆，并且进行了不间断的补救措施。

（三）优选补救教学的策略

关于补救教学模式，国内外常用的补救教学模式有：资源教室方案模式、学习站模式、学习实验室模式、套装学习材料模式，以及计算机辅助教学模式。

1. 资源教室方案模式

资源教室方案（resource program）模式是一种辅助性的措施，提供教室与课程，使某些需要他人协助的学生在大部分时间与一般学生在普通教室上课，而少部分时间则安排在资源教室，接受资源教师的指导。资源教室一方面可对资优学生提供加深与加广的教育；另一方面则针对学习上有困难的学生，提供不同的教材与教法，实施个别或小组教学，以弥补正规教学之不足。

资源教室的教师需要研究正规课程内容的编排，作为制定补救教学课程的依据。补救教学常用的补充教材，包括书店的商品教材、教师改编教材和教师自编教材。

2. 学习站模式

以学习站（learning stations）模式实施补救教学，是最符合经济效益的做法。首先，它利用各教室的自然环境到划出学习区域，不需要另辟教室。其次，可以在同一学习区设置多种学习站，每一个学习站的布置非常简单，只要两三张书桌，加上一些补充教材与教具即可。

每次进行补救教学活动时，教师可依据个别学生的需要与进度，取出适当的教材，实施个别化教学。教师可以扮演主导角色，以逐步示范和要求学生模仿的方式，给予密集性的指导；也可在旁扮演辅导的角色，仅提供必要的协助。

学习站模式之补救教学形态，是最简单且容易施行的，它充分利用各个学校现有的教学设备与空间，做高密度的使用，可节省不必要的开支。因此，若教学经费成问题时，可采用学习站模式。

3. 学习实验室模式

学习实验室（learning lab）模式的基本假设是认为学习困难的主因在于情境因素。常见的情境因素包括教学方法、学习方式及学习环境。也就是说，每个学生需要采用不同的方法学习，才能发挥最大的效益。学习实验室的目的，在于比较各种不同的教学方法、学习作风和教学情境，以发现最适合个别学生的学习需求。

学习实验室就像一般的自然科学实验室，里面包含许多的学习台以及学生资料柜。每个实验室都配有专人负责实验室的管理和使用。除了学习台、数据柜与数据夹之外，实验室里还备有各科的教材与教具，以供各学科有学习困难的学生使用。

学习实验室可以说是一种实验教学中心，针对学生的个别需要，实验与选择最佳的教学方案，以提供适切性的教育。其中为每个学生建立的个人档案，包括各科学习状况的详细记录，透过各科教师的诊断，来设定其单元与行为目标。

学习实验室的实施过程如下：当学生进入学习实验室时，先领取自己的学习盘，盘上备有学生个人的档案集，以及当天所需要的学习材料；另外，会由另一位教师或教师本人所扮演的卡通人物，指示当天的学习科目。在学生到达指定的实验台，坐上实验台后，教师协助学生取出所需材料，指导学生采取一定的作业方式，开始学习活动。在学生开始学习活动后，教师随即离开，给学生提供独立学习的机会。教师以同样的方式指导其他学生，当学生有问题需要协助时，可以随时举手或举求救牌请求协助。学生完成作业后，交给教师批改，即结束该科作业。

学生每天可以连续在两三个实验台学习，采用个别指导策略，依据个人学习进度表，采用循序渐进的方式，接受补救教学。若作业未完成，下次仍可以继续操作。

4. 套装学习材料模式

套装学习材料（learning package）模式是一种能力本位与自我导向的学习方式，即以循序渐进的方式协助学生习得一种观念或技巧。每一套学习材料皆为特定的能力或技巧而设计，提供多样的活动以达到学习目标，而学生亦可根据自己的进度进行学习。套装学习材料的设计与安排原则，都是以易学为主要考虑因素，所以能避免学习的挫败感。

首先，套装学习材料模式的施行，没有特殊场合的限定。不论何时何处，无论在一般教室、专门教室，还是在教师办公室，都可以实施。其次，设备简单也是套装学习材料模式的主要特征，学生只要备有一套课桌椅，再加上有关的学习材料，即可从事套装学习活动；教师不必在现场亲自指导，但是最好也不要离得太远，以便能随时就近辅导，为学生提供适时的反馈与协助。

套装学习材料模式的特色之一是个别化教学导向，学习的进度由学生能力与需要来决定，时间的安排也以学生的课表为主，而教材与教法的选择也符合学生个别的需求与能力水平。

套装学习材料模式的教学执行者，可以是任课教师，也可以是其他专任教师。在学生领取套装学习箱后，立刻到指定的地点，以独立作业的方式进行各项学习活动。教师扮演辅助的角色，必要时提供指示与反馈，但不积极主动地督导其学习活动。教师在进行教学时，同时做系统性的观察与记录学习活动，发现学生学习的障碍，随时补充教材、改变教法、修正教学目标，以利于教学活动的开展，有助于目标的达成。

5. 计算机辅助教学模式

自从斯金纳设计了程序教学以来，个别化教学已逐渐落实到日常教学活动中。20 世纪 40 年代计算机问世，即被应用于学校，作为教学的工具，并成为个别化教学的主要媒体。

计算机辅助教学的特色如下：

（1）立即反馈：不论学生的程度、能力、学习动机或学习态度，只要投入学习，计算机即做出适度的反应，提供立即的反馈。

（2）提高信心：若学生做出正确的反应，计算机会立刻大大奖励一番；若反应错误，则提示正确答案。

（3）容易操作：学习者只要学习按键即可，操作方式简便，易学易记。

（4）用途广泛：教师制作的计算机软件，一方面针对学生的个别需要而设计课程，符合个别教学的原则；另一方面，也可针对特殊的观念与问题，设计大量的练习。

（5）学习者可以自己制定进度：低成就学生的学习进度较慢，往往赶不上全班的进度，但计算机教学可依学生个人的能力与程度，循序渐进地呈现新的教材。

对于低成就的学生，计算机教学模式可以有效地提高其学习动机，提升其自信心，促使其掌握基本的运算技巧，帮助其习得简单的观念，提高其解决问题以及阅读与写作等能力。

关于补救教学的策略①。

国外有学者指出，补救教学适用的策略主要有直接教学策略、精熟教学策略以及个别化教学策略等。

1. 直接教学策略

这种教学策略适用于教导学生记忆事实，学习动作技能，以及简单的读、写、算技能。美国学者罗森祥（Rosenshine）和航特（Hunter）是其主要的提倡者。根据他们的主张，教师主要负责组织教材和呈现教材，学生的主要任务是接受学习。其教学步骤如下：

（1）复习旧有的相关知识。

（2）呈现新的教材：① 陈述教学目标；② 组织教材，一次教一个重点；③ 示范个别步骤；④ 教完一个步骤，立即检查学生是否学会。

（3）学生在教师的指导下做练习。

（4）提供反馈和校正。

（5）学生独立做练习。

（6）每周和每月做总复习。

2. 精熟教学策略

这种教学策略的基本理念是：每个人的学习速度不同。教学时只要列出要求学生精熟的标准，并给予学生足够的学习时间，则几乎所有智力正常的学生都能精熟大部分的学习内容。精熟教学策略适用于中、小学团体教学的情境，适用的教材性质兼及认知和动作技能两种，但涉及的层次不高。布卢姆的精熟教学策略最常为人引用，其教学流程如下：

（1）引导阶段

在此阶段，告诉学生精熟教学的实施方法和成绩的评定方式，重点如下：

① 每位学生根据事先制定的标准评定成绩，不需要和其他学生做比较。② 凡是达到此标准的学生即可得 A，人数没有限制。③ 在学习过程中，学生要接受一系列的测评，并根据提供的反馈，了解自己学习的困难所在。④ 如

---

① 张新仁. 补救教学面面观［2004-04-01］. http://www.nknu.edu.tw/～edu/new－eduweb/08LearninG/learning%20thesis/learning%20thesis－2/learning%20thesis－2－2/learning%20thesis-2-2-1.html.

有学习困难，必须参加补救教学或其他方式的学习。

（2）正式教学阶段

① 将教材分成若干单元，拟定每一单元的具体目标和精熟的标准。② 进行班级教学。③ 每单元教学结束后实施第一次测验，并提供反馈。④ 未达到教师事先制定的精熟标准的学生要参加补救教学，重新学习教材，然后再接受该单元的第二次测验。若有少数学生再次未能通过，则利用课余时间接受其他学习活动。⑤ 至于达到精熟标准的学生，则参加其他充实性的学习活动。⑥ 全班共同进行下一单元的教学。教学进度由教师决定。

3．个别化教学策略

个别化教学策略的理念和部分做法虽然和精熟教学模式相似，但最主要的差异在于：个别化教学主张由学生根据教材个别学习，且学习进度由学生自行决定；精熟教学主张由教师进行团体教学，且学习进度由教师决定。

个别化教学以美国学者凯勒所提倡的个别化教学系统较著名，其做法如下：

（1）把教材细分成若干单元，每一单元皆有评量考试，且设有精熟标准（90％～100％的精熟度）。

（2）学习材料是主要的教学来源，教师只是辅助者。因此，开学初应准备指定阅读的教科书、学习指引和作业。学习指引是学生自学的重要指引，内容包括各单元的学习目标、对教材内容的分析等。

（3）每位学生按自己的能力、时间决定学习的进度。因此，每位学生精熟各单元所花的时间各不相同。

（4）每位学生读完各单元后，必须参加单元测验，达到精熟标准者，进入下一单元的学习；未达到精熟标准者，就必须重新学习原单元内容，再次接受该单元的测验。

（5）测验后立即反馈，告知通过与否。

尽管补救教学的模式丰富，策略多样，但还是要注意课堂教学中的补救与反馈，要把问题消灭在课堂之中。

三、 评价的深度问题解决

学习评价具有多种功能，如诊断功能、反馈功能、定向功能和证明功能等。从学习评价具有诊断功能这一点看，学习评价与教学诊断有共同之处，有交叉的部分，有些具体操作也是相互渗透、相互作用的。因此，学校对学生的学习评价不能"一评了之"。评价应当成为一个切入点、一个生长点，进一步推动对学生学习问题的深度分析、诊断和补救。

（一）对学生学习问题的分析

评价贵在解决学生学习中的问题；评价也给学校教师留下一个更广阔的空间。由于学生在学习方式、知识基础、学习动机等方面存在着差异，在实施统一的教学之后，某些学生在学习上出现问题是难免的。学校教学工作的任务不能只给学生一个分数评判就告终结，为了促进每一名学生的发展，要针对学生学习问题的性质与特点，深入地分析病因和病理，有的放矢地提出干预措施和补救办法。这是教学工作面向全体学生的重要举措。

从大量的对学生学习问题的调研中发现，学生的学习问题主要存在于三个方面——学科学习困难、学习行为障碍、学习环境干扰。

1. 学科学习困难

什么是学习困难？美国的特殊教育家柯克认为，学习困难学生是指那些在理解和使用口头语言与书面语言方面有一种或几种基于心理障碍的儿童，这种障碍可以表现为听、说、阅读、思维、拼写和数学计算等方面的不完善，但不包括视听和运动缺陷、智力落后和能力障碍，也不包括在经济、文化等方面处境不良的学生[①]。从这一定义中我们不难发现，智力落后、生理缺陷这

---

① 皮连生. 学与教的心理学（修订本）[M]. 上海：华东师范大学出版社，1997：65.

样一些因素是被排除在外的。那么，学习困难诊断的内容主要应当指向什么呢？

皮连生教授提出了一个学习公式，从内部的、直接的因素方面揭示了导致学习困难的原因：学习成绩 = f（IQ 水平，原有知识，动机）。在这一公式中，影响学生学习成绩的主要因素有三个——智商水平、原有知识基础、动机水平。根据学习困难的定义，可将智商水平排除在导致学生成绩不良的因素之外。于是，导致学生学习困难的原因就剩下原有知识基础和动机水平这两个内在的直接的因素。

知识基础。这里的"知识"是广义的知识，包括陈述性知识和程序性知识。陈述性知识，如事实、现象概念、原理等"是什么、为什么"的知识；程序性知识，包括智慧技能、动作技能和认知策略等"怎么做、用什么方法"的知识。

动机水平。包括内在需求、外在诱因以及自我调节等动机模式中三个相互作用的变量。

2. 学习行为障碍

学习行为障碍可以从狭义和广义两个方面理解：狭义的学习行为障碍主要是指学生在后天学习过程中形成的妨碍其正常完成学习任务的一切不适应行为；广义的学习行为障碍应该还包括妨碍学生潜力得到更充分开发的一切不适应行为。

学习行为障碍是大、中、小学学生在其完成学业任务的学习活动过程中形成的，妨碍其能力正常发挥或更充分发挥的心理现象，其中大多数表现为潜意识行为。学生的行为障碍可分为学习领域的行为障碍和非学习领域的行为障碍。

中小学生的学习行为障碍通常表现在以下方面：

认知障碍。主要表现为在后天学习中产生的认识活动（感知、注意、记忆、思维等）的缺陷和错误的观念。

情绪障碍。如厌学、考试焦虑、过激反应等。

习惯障碍。主要是意志薄弱难以支配行动的各种表现。

3. 学习环境干扰

学生总是在一定环境中成长的。社会文化环境、家庭生活环境以及支持学习的各种基本条件，都会在一定程度上影响学生的学习，造成社会适应不良，甚至成为产生学习问题的直接原因，所以，学生学习问题的诊断应当包括学习环境诊断。

事例点击

学习问题分析例说

学生数学作业中的错误分析①

对学生的数学作业或者课堂练习中出现的错误进行系统的分析，也可以找到学习中存在的各类问题。以下述四则混合运算的错误为例。

$28+13\times2-15$	$28+13\times2-15$	$28+13\times2-15$
$=41\times2-15$	$=38+26-15$	$=28+26-15$
$=82-15$	$=64-15$	$=54-15$
$=67$	$=49$	$=49$
（A）	（B）	（C）

通过分析上述三类运算错误，教师一般可以断言：（A）为没有掌握运算规则类型的错误，这类学生的问题比较严重，需要重新指导其掌握运算规则；（B）为基本的事实错误，学生已掌握了运算规则，但是对解题过程的监控不够；（C）为基本的运算错误，可能还没有熟练掌握借位的减法运算，需要补救借位减法教学。

对作文困难的知识缺陷分析②

就作文教学与训练而言，起点能力不仅仅决定学生在作文课中能够学什么、学多少和怎样学，而且对学生能否写出符合作文标题和教学目标要求的作文也有直接的影响。我们知道，起点能力与写作任务之间通常存在一段距离，用现代学习论来解释，这段距离的实质是知识上的空缺。在写作任务一

---

① 庞维国.数学学习与教学设计（小学卷）[M].上海：上海教育出版社，2005：300.
② 何更生，吴红耘，等.语文学习与教学设计（中学卷）[M].上海：上海教育出版社，2004：304.

致的情况下，不同起点能力的学生，他们"知识空缺"的类型和程度是有区别的。如在完成一篇"给材料写议论文"的写作任务时，不同起点能力学生的知识空缺就有很大差别：从知识类型上看，有的学生缺少的可能是"写作内容知识"，不能提取出足够的典型论据；有的学生缺少的可能是"写作的基本技能"，不能对论据进行恰当的分析，或者结构安排不当；有的学生缺少的可能是"写作的高级技能"，不知如何从所给的材料中构思出一个准确、新颖的中心论点。从知识掌握的程度上看，不同起点能力的学生对三类知识或某类知识的巩固熟练程度、加工水平等也存在一定的差异。因此，我们在确定补救教学内容之前，必须先找出不同学生的"知识空缺"，确定他们的起点能力；然后才能依据他们的个性差异，因材备课，因材施教，有的放矢地填补各个"知识空缺"。

（二）学习问题诊断的施行

学习问题诊断是在学习诊断标准（正常学习标准）比照下开展的系列活动，其中最重要的有三个方面。

1. 确定方式方法

诊断的方式主要指以什么途径和形式来进行学习问题诊断。尽管诊断的具体样式很多，但大体可归结为三种基本的方式。一是自我诊断。这就是学生以自己的学习活动为思考对象，对自己的学习行为、决策及所产生的结果进行审视、分析，找出自身问题，确定其原因并初步设想出解决办法的过程。这是一种通过反思而发现病症、试图对症下药的批判性思考，是一种自主性思维活动。二是互动诊断。这是学生与教师、家长，学生与同伴之间的意见交换、商议探讨、共同建构的活动。三是学习会诊。这是一种具有一定专业修养或"重要他人"共同参与的集体诊断，是针对特定问题或典型"案例"的分析与研究。一般来说，在诊断的方式上应以自我诊断为基础，以互动诊断为支撑，在学习会诊中整合。

学习诊断的基本方法有观察法、调查法、文献法、测验法（包括心理测验）等。就学习问题诊断而言，很重要的是针对"学习困难"进行诊断。

关于"学习困难"，目前世界上有两个主流概念：一个叫学习障碍；另一个叫学业不良（差生）。对这两类学生的鉴别已有较多的研究资料。

对于学习困难学生的分析与分类，主要有三种方法：经验描述、理论推断、多元统计分析。经验描述、理论推断和多元统计分析三种分类方法在实际诊断和干预中各有千秋。经验描述没有更多的理论框架，便于一线教师掌握运用，缺点是比较粗糙。理论推断是思辨的产物，逻辑性强，但不够精确、严密。而多元统计分析，方法是严密的，但它必须以合理的理论框架为前提，如果没有正确清晰的理论依据，就会得到不可靠的结论。我们认为最佳的选择是根据不同情况，灵活综合地使用这三种方法。也就是说，要将定量分析与定性分析相结合。

2. 进行评价分析

对学生学习困难的诊断首先要深入地了解诊断对象，走进他们的内心，然后才谈得上正确地分析判断和采取有效的补救措施。就教师来说，对学习困难学生的理解、接纳和爱心是取得诊断效果的前提。在此基础上，要十分重视搜集对象的资料。在搜集的内容上需要三方面的资料，即个人的历史资料、现状资料和背景资料。收集资料的方法尤其要注重以下几种：现场观察，学生自述，同学生谈心，问卷与测试，家访与座谈。有了一定的资料还要进行分析处理。

首先是材料的整理。材料整理主要是将材料归类。

归类首先需要有一个结构（或提纲）。根据诊断要求，学生材料应按照其问题性质、问题特征、问题程度和问题原因分别归类。以学习困难学生为例：问题性质，比如是学业基础的问题还是学习能力的问题，是学习态度问题还是学习方法问题，等等；问题特征，如外语学习困难有何特点，是记不住词汇，还是听力或语言能力较差，等等；问题程度，如数学学习究竟差到什么地步，相当于几年级的水平等等；问题产生的原因，如家庭教育的原因，同学关系、师生关系的原因，等等。有了这样一个结构，归类就比较清晰，就能"纲举目张"。

归类的第二个要求是去伪存真。整理材料要注意材料的真实性，包括有关学生的事件和行为、思想的真实性。事件要多方核实以避免误传；对反映学生行为和思想的材料，研究者要尽量克服主观偏向，做到客观地审视这些材料。

归类的第三个要求是去粗取精。学生材料中有相当一部分是谈话、访问记录、自述、轶事记录等定性资料，其中，有关内容与无关内容混杂在一起，这就要删去无关内容，精选有关内容。

其次是分析判断。分析判断是诊断的核心。其中要抓住三点：

（1）分析学生问题形成的原因。大体上可以从个体内部因素（如智能、个性、身体等）和个体外部因素（如家庭教育情况、学校教育教学情况、大众传播媒介的影响等）来寻找原因。但事实上，学习困难学生的形成是多种原因交织作用的结果。诊断就是要分析出最初的起因是什么，最重要的原因是什么。这需要比较充分地了解学生过去的历史，弄清问题的来龙去脉。

（2）透过现象看实质。实质反映了事物更为深层的原因或属性。它需要研究者有一定的洞察力。例如，厌学、畏学情绪是一种现象，但为什么畏学、厌学，各人背后的原因不同。有的学生是缺乏意志力，有的学生是学习态度不端正，有的学生是懒惰成性，有的学生则因学业经常失败而自卑、自弃，等等。诊断就是要分析判断出学生实质的问题。

（3）抓住主要问题。学生身上的问题往往不是单一的，而是一种综合症状。例如，知识基础差、学习技能低、学习习惯不良、学习态度不端正，或者还有人格适应不良和行为问题，等等。每个学生的问题各有侧重，抓主要问题，就是要找到影响各个学生学习的主导性因素，"牵一发而动全身"的因素。例如，学习困难学生冯×从表现看问题不少，如知识基础差、阅读能力低、学习不专心、作业粗心等，但进一步分析，发现她的主要问题有两个：学习中思维活动强度不够，依赖性过重。这样就可以围绕这两点有针对性地制定教育干预方案。

要准确地诊断，研究者主观上要具备三个条件，即思维加工能力、理论知识和经验背景。缺乏思维加工能力，就难以找到事物的因果联系；缺乏理论知识，就不能科学地归纳问题；缺乏经验，就会影响对现象的洞察力。

从客观上看，准确的诊断还必须借助于高质量的诊断量表。

3. 掌握诊断技术

常用的具体诊断技术有行为分析、作品分析、能力诊断、出声思维诊断，以及教育会诊，等等。

（1）行为分析

第一，课堂行为分析。学生在校的主要活动场所是课堂，学生课堂行为往往反映了其身上的学习障碍。利用事先设计的课堂行为观察记录所获得的资料，可以分析学生如下行为：① 对教师讲课的反应。有些学生似乎也在听教师讲课，但对教师讲课内容反应迟缓或者毫无反应。究其原因，一种可能是听不懂，有知识障碍，另一种可能是分心，思想不集中。究竟属于哪一种，教师要具体分析。② 完成课堂作业时的反应。学习成绩好的学生常常能有效地完成这些作业，而学习困难学生则常常很困难，有时为了表明自己不落后也会胡乱做一通，或者随声附和。这个问题的症结所在，一方面是学习困难学生的学习基础差，另一方面是课堂上统一的教学要求使他们难以适应。③ 不安定的课堂表现，包括心神不定、随便讲话、做小动作、骚扰邻座、起哄等不良课堂表现。这方面的原因就更多了，如自控能力差，或因与老师关系紧张而存心作对，或是其他原因，等等。④ 回答问题时的表现。有些学生怯于回答问题，上课总是默不作声，可能起因于学习退缩倾向；有些学生回答时不得要领或语无伦次，则可能在问题理解或言语表达上有问题。

第二，学生日常行为问题分析。这可以通过日常观察来诊断。一般教师比较容易掌握。以下列举几种：① 行为失调的症状：好斗，憎恨别人，发脾气，不顺从，对抗，不礼貌，鲁莽，不合作，不体谅别人，吵闹，要支配别人，盛气凌人，不诚实，说谎，说话低级下流，妒忌，猜忌，挑剔，责备，依赖别人，不能承担责任，戏弄别人，否认错误，易生气，自私，等等。② 焦虑—退缩的症状：过分焦虑，害怕，紧张，害羞，胆怯，忸怩，退缩，孤独，不愿交友，沮丧，悲哀，烦恼，过于敏感，容易受伤害，自卑，感到自己微不足道，缺乏自信心，容易激动，常常哭，等等。③ 不成熟的症状：注意广度不够，不能集中注意，常做白日梦，手脚不灵活，笨拙，动作不协调，缺少活力，精力不济，懒惰，常常昏昏欲睡，对事物缺少兴趣，缺乏坚持性，做事不能有始有终，脏乱，邋遢，不整洁。④ 社会性攻击的症状：结交不良伙伴，偷窃别人的东西，打架斗殴，恃强欺弱，破坏公物，忠于坏朋友，逃学，离家出走。对于有上述症状的学生，教师还应参考其历史资料与背景资料进行综合分析诊断。

学生在课堂上的表现多种多样，教师要善于把学生各种异常表现归类，找出其症结所在，这便是教育诊断的技能。

（2）作品分析

这是指通过对学生自述性材料和作业的分析，了解学生内心世界和其实际存在的学习障碍。

事例点击

与老师说悄悄话

一、一名成绩较差的初二学生的作文

"我并不是一个好学生，但我也有自己的理想，我希望自己能成为一个了不起的警察，去对付那些坏人，让他们受到应有的惩罚……我想在初二这关键的一年里好好地拼一拼，我要为自己的理想而好好读书，考进自己理想的学校——美术学校，然后去当兵，如果不能当兵，我就把头发剪短，做个假小子，去少林寺学武功，空余时间练书画……等事业有成，我要办一个'陈×美术展览馆'，里面放满我的美术作品，并让我的侦探所成为上海滩最有实力的侦探所。"

从这篇自述材料中，可以看到这名学生自尊心很强，对自己的未来充满理想（尽管理想飘忽不定），从中还可以发现她的兴趣，这都有利于教师进一步诊断她的问题。

二、一名学生的作业错误分析

564	722	821	954	349
−472	−519	−431	−233	−123
112	217	410	721	226

这名学生做的五道题中有两题答对，三题答错。仔细分析发现，他总是将大数减去小数，而不管哪一个数在上面，这种错误程序叫"大数减小数"。可见准确诊断了学生作业错误，就可以使他的这一学习困难迎刃而解。作业错误分析还可以帮助教师了解全体学生的学习情况，以便发现问题，及时调整教学策略。例如，一位数学教师从班级数学作业错误分析中，发现学生在三道因式分解题中错误率明显不同：第一题是 X^2-4，错误率为 4%；第二题是 X^4-16，错误率为 10%；第三题是 $2X^2-32$，错误率为 40%。第一题比较简单，套套公式即可，绝大多数学生都能做对，而第二、三题错误率大大上升，是因为解这两题还需要做适当的转换，这表明学生的问题整合能力较差，应适当予以训练。

（3）能力诊断

对于学习有困难的学生，可以采用各种学习能力（包括阅读、语言、拼写、计算等）的诊断。一般可用学科成就测验与诊断量表进行诊断。例如，阅读能力诊断，可以先用阅读水平测验测定学生的阅读水平等级，再用阅读诊断量表诊断学生的具体阅读障碍。表5-4是美国学习障碍儿童研究专家编制的阅读诊断量表，可供参考。找到具体阅读障碍后，还可做进一步的能力诊断。例如：某学生词汇遗忘较突出，则要进一步查明该生的记忆力如何；某学生阅读速度慢，则要检测其知觉信息能力有何问题；某学生阅读句子不完整，则要注意其信息编码能力、信息组织能力如何。

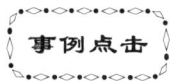

事例点击

表5-4　阅读诊断量表

阅读障碍细目	经常发生	有时发生	偶尔发生
1. 逐字阅读			
2. 句子错误			

续　表

阅读障碍细目	经常发生	有时发生	偶尔发生
3. 发音错误			
4. 重复句子			
5. 基本词汇不识			
6. 视觉扫描慢			
7. 猜字			
8. 缺乏完整性			
9. 不能利用提示检索			
10. 阅读速度慢			
11. 不能浏览			
12. 对困难的材料不能调整阅读速度			
13. 嘴唇运动次数少			
14. 词汇遗忘			

　　语言能力诊断，可参照以下项目：①讲话口吃；②不能有条有理地陈述事情，不能将句子组成一个意群；③说话时句子不连贯；④不能理解笑话、双关语和讽刺语；⑤不理解抽象的词；⑥理解词义狭窄，不知道词的多重含义；⑦不能连贯、完整地讲一个故事，只能零碎、单一地描述与自己有关的日常琐事。我们也发现有些学习困难学生表面上很会讲话，但语言很不规范，课堂上正式表达常常语无伦次，或表现出上述障碍。

　　计算能力诊断可以参照下列项目：①不能记住数学公式；②数字与符号

联系困难；③空间图形概念混淆；④解应用题困难；⑤心算能力差；⑥口算能力差。

（4）出声思维诊断

人的思想活动总是默默地进行的，它借助于不出声的内部语言。学生在完成一道数学题的思维过程中，他通过哪些内部心理操作来完成是别人无法直接观察到的，而事后询问所得到的回答又常常是不完整的，不十分准确的。克服这种困难的一个有效的方法是让他出声思考，使学生的思维过程外部言语化。这样就可以直接观察他的思维过程，知道他解决问题时的依据、步骤，在什么地方出现障碍或差错，是什么原因，等等。利用这种方法诊断之前，应对被诊断学生进行足够的训练，以便他们能较顺利地进行思考。诊断时，给被试者一个思维作业，比如一道数学题或一篇短文阅读，让他们用出声思考来完成，同时用录音机录下他们的口述。如果被试者在进行过程中发生停顿，诊断人员可以问他现在想什么，但一般不应提出问题，以免干扰被试者出声思考。

（5）教育会诊

这是由班主任、任课老师、辅导人员等参加的对需要辅导的学生进行集体诊断的一种方法。有时可以吸收家长、有关的同学，甚至学生本人参加。会诊之前，应该将有关学生的材料分发给会诊者，便于事先准备会诊意见。会诊时，先由主诊者扼要介绍学生情况，然后请与会者充分发表意见，分析学生的主要问题、产生的原因、可以运用的有利条件，讨论与制定教育干预方案，最后达成比较一致的会诊意见。会诊内容可以是多方面的：可以对一个学生的问题进行会诊，也可以对某一类学生的问题进行会诊；可以就综合性的问题，也可以就某一专门的问题，如某一学科学习、某种不良倾向等进行会诊。教育会诊的优点之一是能比较全面地反映学生的问题。会诊者大多应是某门学科的教师，他们可以分别从该学生在本门学科的表现情况来分析问题。这样有利于会诊者了解全貌、有的放矢、长善救失。

这里需要特别说明的是，对于特定学科学习困难的诊断，还有一些专门的技术，其中的"任务分析技术"适用于很多场合。

（三）针对学习困难的教学

对于学习困难学生表现出来的心理和行为特点，学界已经进行了大量的实证研究，积累了丰富的资料。我国学者胡兴宏、吴增强等曾在《学习困难学生的特点和成因探究》中综述了国内外的研究成果，并以他们的研究为基础做了很好的梳理。

1. 智能发展的特点

学习困难学生智能发展的特点是高级认知能力不足，但存在不同程度的潜能。研究发现，学习困难学生在语言、数理、思维、记忆、观察、空间和操作能力等方面，均与学习优、中等生存在非常显著的差异。其中在高层次认知能力（语言、数理、思维能力）方面差异最大，而低层次认知能力（观察与操作能力）方面差异较小。研究也表明，学习困难学生的确存在不同程度的潜能。他们中间能力水平在中等或中等以上的占有相当的比例：50％的学生在语言、数理和思维能力上处于中等水平，78％的学生的观察能力处于中等水平，65％的学生的记忆、空间、操作能力处于中等水平，25％的学生具有较高的智能水平。显然，进行深度教学、强化思维训练、进行智能开发是问题解决的基本对策。

2. 认知加工的特点

从信息加工论的观点看，学生的学习过程实际上是个体对外来知识信息接收、编码、储存、提取以及运用的过程。学习困难学生在这一过程中则表现出较多的障碍，如注意、记忆、问题解决等，这便是他们内部的学习障碍。

不少研究者发现，学习困难学生在学习活动中表现出明显的注意缺陷，主要是选择性注意能力较差。这使他们在课堂学习中难以有效地接受知识信息，在对新知识进行加工的前期就产生了障碍。又由于在认知加工的整个过程中始终需要注意的参与，所以注意缺陷也直接影响着他们在信息加工过程中取得的效果。

学习困难学生在记忆方面的缺陷表现为：感觉记忆中信息编码、提取的速度较慢，短时记忆中复述频率与复述策略水平低，长时记忆中语义编码困难。

在问题解决方面，有研究发现，学习困难学生的学习策略水平明显低于学习优、中等学生。学习困难学生同学习中等生相比，他们在制订学习计划、采用有效识别方法、有重点复习、利用工具书和课后复习五个方面都存在明显差异。大多数学习困难学生一方面是不会在学习中运用这些策略，另一方面是不愿在学习中运用这些策略。当然，通过学习策略训练和指导，是可以提高学习困难学生解决问题的能力的。

学习困难学生信息加工能力与他们的知识背景有密切关系。个人的知识背景是贮存在长时记忆里的。知识背景会影响学生信息的编码和提取的效果。学习困难学生知识背景的主要特点是：知识背景贫乏，知识结构紊乱。知识背景贫乏使他们对外来信息加工、分类显得困难，也不利于他们在回忆时激活长时记忆中的概念图式。

元认知对整个加工过程起着控制执行的作用，是影响个体能否有效地加工信息、解决问题的关键。对学习困难学生元认知发展的研究资料表明，他们严重缺乏有关的策略知识和自我调节的知识与技能。在这方面，加强学法指导、教会学生学习、进行认知训练是很有必要的。

3. 情绪与动机的特点

学习困难学生同一般学生相比，存在着更多的情意障碍，诸如成就期望低、学习上缺乏胜任感，自卑自弃，懒散成性，畏学、厌学甚至逃学等。学习困难学生的抱负水平、求知欲、好胜心、坚持性等情意因素明显不如一般学生。可见，进行学习动机的培养和激发，做好心理教育与疏导应当成为当务之急。

习得性无能是学习困难学生最主要的动机障碍之一，深深影响着他们的成就行为。

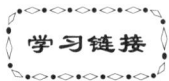

学习链接

学生习得性无能

学生的习得性无能主要表现在人际交往和学习两个方面。

1. 社交习得性无能

格茨和德威克研究了社会拒绝情境下的习得性无能。研究者在问卷中提出一系列假设的社会情境，要求被试者对每个假设中的不同拒绝做出反应。如，"例如你家旁边搬来一个新邻居，新来的女孩或男孩不喜欢你，这是什么原因？"……三周以后，观察每个被试者在一定情境下面临同伴拒绝时的表现和反应。研究结果发现：

① 习得性无能儿童比其他儿童在拒绝以后表现出更多消极行为，他们中的 39％ 有社交退缩。

② 面临困难时，习得性无能儿童比其他儿童更缺乏新的策略，更喜欢重复无效策略，或放弃有效策略。

通过社会动机模式分析可知，习得性无能儿童认为社会归因或个人归因是固定不变的，他们常采用获得社会归因判断的操作目标，为了避免社会归因的否定判断，故采取退避行为。而自主性儿童认为社会归因是可以改变的，常采取增长社会能力的学习目标，表现出社交自主的行为。

2. 学业习得性无能

学业习得性无能主要表现在以下几个方面：认知上怀疑自己的学习能力，觉得自己难以应付课堂学习任务；情感上心灰意懒，自暴自弃，害怕学业失败，并由此产生焦虑或其他消极情感；行为上逃避学习，例如，选择容易的作业，回避困难的作业，抄袭别人作业乃至逃课，等等。学业不良学生的习得性无能不是一朝一夕形成的，而是个体在经常性的学习失败情境中习得的行为方式。其动机过程大致由两条途径发展而来：一是失败的信息引起消极的情感体验。因为经常失败招致教师、家长更多的批评抱怨，由此感到灰心、沮丧，并严重损害个人的自尊和自信，为了维持自尊便会产生消极的防御机制，其主要表现形式之一就是逃避学习；二是失败的信息通过归因的中介影响自我信念的确立，进而构成消极的自我概念。大量研究表明，学业不良学生在成就归因上存在归因障碍。

4. 行为特点

学习困难学生的认知障碍、情意障碍是与其行为障碍密切联系的。因为学生的心理活动最终是通过行为表现出来的。学习困难学生比较突出的学习行为问题是不良的学习习惯（包括课堂违纪行为）和注意力失调等，而他们注意力缺损的原因是多方面的，大致有生物与环境因素、神经生理偏常和唤起缺陷等因素。

学习困难学生比一般学生存在更多的人格适应问题，诸如攻击、反抗、行为出格、多动、不合群或孤僻、自卑等。

5. 学科学习困难补救

学科学习困难并不一定同智能发展、认知加工、情绪与动机、行为障碍等相关，而往往是知识方面的缺失，需要及时补救。应当看到，诊断与补救是一个相互联结、相互渗透的工作环节。

关于学习困难的补救，我国学者提出：要确定学习困难补救的内容序列，优化学习困难补救的微观过程。他们还提出要遵循个别化原则、差异性原则、简化原则、感情支持原则、因势利导原则等。至于具体的方法，有强化法、榜样示范法、策略训练法、自我指导法等。

◇◆◇◆◇◆◇◆◇◆◇
事例点击
◇◆◇◆◇◆◇◆◇◆◇

学科学习问题的判断与补救
找准学生学习中易错之处

教师：我用最小刻度是分米的直尺测量出讲桌的长度是 9.8 分米，请一位同学到前面来，在黑板上将这一数据分别用千米、米、厘米和毫米表示出来。

学生：9.8 分米＝0.000 98 千米＝0.98 米＝98 厘米＝980 毫米。

教师：他做得对不对？你们也是这样做的吗？

学生（异口同声地）：对。

这时，教师在前面三个等号处画了"√"，在最后一个等号 980 毫米处画了"×"。全班哗然。

教师启发学生悟出其中的道理：9.8 分米中的 8 是最后一位数字，这说明它是一个估计值。而 980 毫米中的 8 却是精确值，末位的 0 才是估计值。这种使 8 从不可靠数字变成了可靠数字的推导，错误地表现了这把尺子的准确度。怎样才能既正确地反映测量仪器的准确度，又能正确地表示测量数据的量值呢？学生在讨论中逐渐明白了：用有效数字就能正确地处理这一矛盾。

正确的写法是：9.8 分米＝9.8×10^2 毫米

注意课堂教学中的"补充"与"补救"

一位语文老师布置学生预习《荷塘月色》。第二天，老师讲解课文中历来被奉为通感手法经典之作的那一句："微风过处，送来缕缕清香，仿佛远处高楼上渺茫的歌声似的。"说朱自清先生用了"通感"的修辞手法，是因为他大胆新奇地用听觉感受的歌声，来比嗅觉的清香，充分表现了荷香的似有似无。这时一位学生提出了他的疑问："老师，我觉得作者把荷香比作歌声并不太好，文章通篇的意境都很静谧，除了作者之外，没有第二个人，如用'歌声'，有点儿破坏整体效果。照我看来，改成'笛声'更好，这更符合当时的意境。"听罢学生的话，老师大加赞赏。这一句通感多少年来被无数人奉为经典，从未有过疑问，自己的学生竟会对此提出异议，这是在备课中无法预见的。于是，老师就放手让学生改写这句经典名句。同学们变得十分兴奋，一经斟酌、品味、比较，不断地推举出大家公认的佳句来。如"微风过处，送来缕缕清香，仿佛天外飘来的悠远的钟声似的。""……仿佛摇篮边母亲轻轻的抚拍似的。""……仿佛蒙娜丽莎嘴角绵绵的微笑似的。"……大家思如泉涌，直到下课铃声响起也无法停止。